人生のやりがいを求めて

名古屋第二赤十字病院名誉院長
愛知医療学院短期大学学長
石川 清

中経マイウェイ新書 055

「人生のやりがい」を求めて

自分の人生を筋書き通りに生きた人は少ない。色々な人の影響を受けたり、災害や病気など予期せぬ出来事に左右されて、送る人生は変わっていくものだ。ただ、その時々に「人生のやりがい」を持って生きていれば、結果として意味のある人生を送ることができると信じている。

私は長兄から幾つかの「人生のやりがい」を学んだ。ラグビーをやっていた長兄の影響で高校時代からラグビーを始め、大学・社会人合わせて26年間現役だった。

プレーの面白さだけでなく、ラグビー精神、自己犠牲の精神などラグビーの魅力に取りつかれた。ラグビーに「やりがい」を感じていたので、厳しい練習や夏の合宿にも耐えることができた。「人間はやりがいを持ってやっていれば、たとえ大変なことや嫌なことがあっても耐えられる」ということもラグビーから学んだ。

ラグビーは人生の生き方や考え方に大きな影響を与えてくれた。「人生のやりがい」を真剣に考えるようになったのもそのひとつだ。

大学は最初工学部へ入ったが、大学院1年の就職活動中、大企業の歯車のひとつになることがやりがいのある仕事とは思えずにいた。その頃、重症心身障害児医療に人生を捧げていた長兄の姿を見て感動し、医学部へ入り直す決意をした。

医師になってからは、集中治療がやりたくて麻酔科を専攻した。生きるか死ぬかという患者さんを救命し、患者さんや家族からの感謝の言葉に大きなやりがいを感じた。

日赤に勤めてからは赤十字の使命である災害医療にも関わり、阪神淡路大震災での救援活動で被災者から涙を流して感謝された経験は大きなやりがいとなった。

その後、スーダン紛争、スマトラ島沖地震・津波、イラン南東部地震、東日本大震災などの救援活動に関わったのも阪神淡路大震災の経験があったからだ。

院長になってからは「職員のやりがい」を見いだすことをやりがいとして11年間にわたって院長を務めた。「最高の病院になること」を目指して導入した全病院的なコーチングによる組織改革は、院長時代に最もやりがいを持って取り組んだことだった。

2018(平成30)年3月、定年退職を迎えるに当たって、第二の人生としてまず考えたのは、やりがいのある仕事だった。そんな時、学校法人佑愛学園の丹羽治一理事長から、学園長就任のお話をいただいた。同学園は愛知医療学院短期大学というリハビリの大学でクリニック・デイケアセンターとこども園を併設していた。

　高齢化が進む中、リハビリの人材育成は不可欠であり、加えて、学園の三つの組織が三位一体となって、学生、子ども、お年寄りの3世代が交流する世界を創り、「地域のお年寄りを元気にする」というビジョンを達成することは、やりがいのある仕事と思い、学長を引き受けることにした。

筆者近影

目次

第四章　第二の人生を

第一章　やりがいを求めて

4人きょうだいの末っ子

私は1947（昭和22）年12月、男3人、女1人の4人兄弟の末っ子として生まれた。父は三重県多度、母は愛知県蒲郡の出身だが、私が生まれた時には名駅に近い柳橋で薬局を営んでいた。

昭和22年は終戦から2年目で、私は人口のもっとも多い団塊の世代に属する。兄や姉は疎開先の田舎で生まれ、私だけが生まれも育ちも名古屋ということになる。

幼少期の記憶をたどってみると、見えてくるのは当時の柳橋界隈《かいわい》の風景だ。両親の営む薬局の前の江川線には市電が走り、通りを挟んだ正面には白龍神社があった。

名駅には幼い頃からよく出かけていき、地下街は生活圏であり遊び場でもあったので、どの出口を出るとどこに行けるか、すべて熟知していた。柳橋中央市場も近いので、母と一緒によく魚を買いにいったことも思い出される。名駅前には映画館があって次兄と一緒によく映画を見に行った。今でも鮮明に覚えているのは「笛吹童子」だ。

当時はまだテレビが普及しておらず、娯楽と言えばラジオと映画の時代だった。ラジオドラマの人気も高く、子どもたちに人気の高かったひとつがＮＨＫの新諸国物語「笛吹童子」で、これが映画化されたのだ。

戦国乱世の武士の兄弟の物語だが、兄の顔に被せられたしゃれこうべの面が、妖術で取れなくなるシーンが怖くて、忘れることができなかった。

最近は古い映画がＤＶＤ化されているので、懐かしさから「笛吹童子」を購入してみた。今の大人の目からすれば他愛もないストーリーだが、子どもの頃の恐怖の記憶は今も鮮明に残っている。

子どもが４人ということもあって、家庭は裕福ではなく、両親は子どもには厳しかった。教育に関しては、兄弟の誰も私立の学校に行くことは念頭になく、滑り止めの受験さえもしなかった。兄弟４人とも地元の六反小学校と笹島中学校に通った。

長兄は医者になるために西陵高校から金沢大学の医学部に入り、次兄は家を継ぐために名西高校から名古屋市立大学の薬学部に入った。

兄たちと私は大学まで進学したが、「女は大学に行かなくてもいい」という親の考えで、姉は優秀であったにもかかわらず、名西高校を卒業すると職業訓練学校へ進んだ。姉は時折、その頃の無念な思いを口にすることがあるが、根底にはやはり経済的な問題があったのだろう。しかし、姉は職業訓練学校で裁縫をマスターして、プロ級の技術を身に着け、子どもたちの洋服はほとんど自分で作っていた。

男３人、女１人の兄弟の末っ子の筆者
（前列右）

姉と筆者

伊勢湾台風の体験

六反小学校に通っていた6年間で最も印象に残っている出来事は伊勢湾台風だ。私が5年生の時だった。

1959（昭和34）年9月26日夕刻、紀伊半島に上陸した台風15号は、愛知、三重の伊勢湾岸地域を中心に、死者・行方不明者が5千人を超える甚大な被害をもたらした。

両親が営む薬局の店舗は江川線の広い通りに面していたので、強風と雨がもろに店のガラス戸の外の雨戸に打ちつけてきた。家族全員で風にたわむガラス戸を内側から必死に抑えていた。

夜が更けるにつれて風雨は恐ろしいまでに激しさを増し、ついに雨戸が吹き飛ばされ、ガラス戸は粉々に割れて、風雨が店の中に一気に吹き込んできた。

家族全員、裏の扉から隣家に避難したが、その時、半ズボンから出ているひざ下のあたりが生温かくぬるぬるしているのに気がついた。割れて飛び散ったガラスでひざ下の所が大きく切り裂かれていた。

それは不思議な感覚だった。切り傷は10センチくらいあり、骨まで露出しているのに、恐怖のせいか、なぜかまったく痛みは感じなかった。

本来であれば、すぐに病院へ行って縫わなければならないほどの傷であったが、台風の最中では応急の止血処置しかできなかった。

災害医療の原則として、「大規模災害時には傷は縫合せず止血のみ」という言葉がある。大規模災害時には救命のための止血処置は行うが、感染等の問題もあり縫合は後日行えばよいとするもので、災害医療の原則を実体験した形になった。その時の傷跡は今も残っており、その傷を見るたびに伊勢湾台風を思い出す。

翌朝、台風が去っても水は引かず、店の前の通りは川になっていた。私は包帯を巻いた足で、両親と一緒に流された商品を拾い集めていた。

今まで阪神淡路大震災や東日本大震災の救援活動で悲惨な現場を見てきた。人が何千人も亡くなる大災害は、長い人生の中でそう何回も遭遇するものではないが、私は伊勢湾台風を含めれば3回も体験したことになる。

この伊勢湾台風、阪神淡路大震災、東日本大震災は、近年のわが国の災害史上、それぞれ風水害、地震、津波という3つの特徴的な大災害であった。

後に赤十字病院に勤めるようになり、赤十字の使命である災害救護や国際救援に積極的に関わることにより、医者として人生のやりがいを感じることになった。こうした救援活動にも自発的に関わるようになったのは、伊勢湾台風という幼少期の実体験がそうさせたのかもしれない。

両親が営んでいた「柳橋薬局」

伊勢湾台風の被害

生きていく術を学ぶ

小学校へ通っていた頃の私は、人前では話ができない非常に恥ずかしがりやで、とりわけ低学年の頃は、友達はいたが、あまり話をしない無口な子どもだった。

そんな私に6年生の時、担任の先生が「生徒会の書記に立候補するように」と無理難題を押し付けてきた。断る勇気もなく、立候補することになった。

書記は選挙で選ばれるので、立会演説会で自分の意見を述べなければならない。私は話す内容を暗記して準備万端で臨んだ。しかし、途中で内容を忘れてしまい、しばらく無言のまま頭をかいて、皆に大笑いをされた苦い思い出が残っている。そんなエピソードもあって皆の印象に残ったせいか、選挙結果はみごと書記に当選した。

そんな無口な私だったが、足は速かったので、陸上の学校代表の選手として選ばれたことは自慢できる経験だった。

1960（昭和35）年3月に六反小学校を卒業し、4月からは地元の笹島中学校に通うことになった。兄や姉たちもみな笹島中学に通い、兄や姉たちは優秀で先生の評価も高かったので、その弟ということで先生たちの目に留まり、自分にとっては非常に居心地のいい中学校だった。

自宅も学校も名駅に近くて便利だったが、環境は決して良くはなかった。笹島学区の中には駅裏や笹島の職業安定所も含まれており、治安が悪くて市内でも問題の地区だった。

そういう地区から通っている生徒も多く、笹島中学は市内でも問題校のひとつであった。六反小学校の卒業生のかなりの生徒が笹島中学には行かず、私立や寄留してほかの地域の中学に進学した。

不良グループににらみを利かすために、笹島中学には強面の体育の先生が赴任していた。私のクラスにも不良グループの生徒が何人かいて、時々、授業中に若い女の先生を泣かせたりするようなこともあった。

私は不良グループとも付き合いがあり、彼らの影響を受けてつばを不良っぽくした帽子を被っていたことがあったが、担任の先生から「チンドン屋みたいだ」と言われて、買い替えたことがあった。

今なら大問題だが、不良グループにいじめられていた生徒も何人かいた。私は成績が良かったのと運動もできたので、いじめられたことは一度もなく、生き抜いていく術をおのずと身につけることができた。

今では、六反小学校は神明小学校と統合されて笹島小学校となり、笹島中学に併設されて小中一貫教育がなされており、模範的な学校になっている。隔世の感を禁じ得ない。

小学校の立会演説(左)と、
粋がっていた中学生時代(右)の筆者

仲の良かった親友たちと(後列左が筆者)

ラグビーから学んだもの

１９６３（昭和38）年３月、私は笹島中学を卒業して愛知県立旭丘高校へ入学した。笹島中学からは私を含めて３人が入学した。

旭丘高校に入学して驚いたのは、クラスの中には本当に優秀で、頭の良い生徒がたくさんいたことだった。

高校時代の私にとって最も重要な出来事は、兄の影響を受けてラグビーを始めたことだった。兄は西陵高校でラグビーをやっていた。西陵のラグビー部は全国大会に出場する強豪であり、兄は家へボールを持ち帰ってきていたので、私もおのずと興味を持つようになった。

旭丘高校のラグビー部も伝統があり、県大会でも優秀な成績を収めていたので、当然のことながら練習は厳しかった。とりわけ夏の合宿は怖い先輩がたくさん来てしごかれたので死ぬ思いだった。その時、「この夏の合宿を乗り越えられれば、これからの人生、どんな試練も乗り越えられる」と真剣に思った。厳しい練習が終わった後に飲んだ水のおいしさと快感は、何ものにも例えようがないものだった。今でも夏の暑い日に激しい運動をした後には、その時の感覚がよみがえる時がある。

同学年の部員は、1年生の時には30人以上いたが、厳しさに耐えられなくてやめていき、最後まで残ったのは半分以下の15人だった。

私が続けられたのは、ラグビー精神や自己犠牲の精神というラグビーの魅力に取り付かれたからで、ラグビーをやっていることが誇りであり、やりがいであった。

特に、私は自己犠牲の精神というのが好きだった。自分は犠牲になってタックルされても味方の仲間にパスをして、仲間がトライをするというものだ。当時はラグビー以外のスポーツは考えられなかった。結局、大学、社会人でもラグビーを続け、26年間現役を務めたことになる。

旭丘高校は文武両道の高校で、クラブ活動と勉強の両立が当たり前の校風だった。ラグビー部の先輩の中には、ラグビーも勉強もできる優秀な先輩がたくさんいた。

私もラグビーと勉強を両立するために、練習で疲れて帰ってきて、夕食を終えるとすぐに寝て、朝早く起きて勉強する、というのが習慣となった。

高校時代に培われたこの「朝型」と「運動をする」という習慣はその後も続き、現在は早寝早起きの規則正しい生活習慣と、運動習慣としての早朝テニスを継続している。

今の私の信念である”規則正しい生活習慣・運動習慣と人生のやりがいが健康長寿の秘訣“は、ラグビーから学んだものだ。

厳しい練習に耐えて最後まで残った同期生(後列右端が筆者)

体育祭クラブ対抗リレーでトップを走る筆者

感謝される長兄の姿に心動かされ

文武両道の旭丘高校では、ラグビーをする一方、受験勉強もやらなければならなかった。大学受験に際しては、社会に出てから何になるのか、進路を決めなければならない。しかし、私は自分の具体的な将来像をまだ思い描くことができないでいた。

長兄は医師になり、次兄は父の薬局を継ぐために薬剤師になった。両親は私も長兄と同様に医学の道に進ませたいと考えていた。

ところが、当時の私の頭の中にあった病院のイメージは、ホルマリンの匂いがする薄暗い所というものであり、そんな陰気な所で働きたくはないという単純な理由から、医学部は受験しなかった。

そんな私が選んだのは、名古屋大学工学部航空学科だった。将来パイロットになりたいとか、飛行機を造りたいというような夢があったわけではなく、明るい雰囲気だし、人数も少なく、ただおもしろそうと感じたに過ぎなかった。工学部へ行くという私の選択は、両親の思い通りではなかったが、反対はしなかった。

当時、航空学科は定員が20名と少なく、偏差値は医学部よりも高かったが、無事、合格できた。１９６６（昭和41）年４月、名古屋大学工学部航空学科に入学した。同級生には優秀な学生が何人かいて、その中に、後にトヨタ自動車副社長となった新美篤志氏がいた。彼とは相性が良く大の親友であった。

航空学科を選んだ理由がいい加減であったので、自ずと学業には身が入らなかった。学生生活は、どちらかと言えばラグビー一筋で、授業にはあまり真面目に出ず、友人のレポートを借りて、卒業するための単位だけは取っていた。

大学生になってからは自分で学費、生活費を稼ぐために家庭教師を幾つかやっていた。文字通りラグビーとアルバイトに明け暮れた学生生活だった。

　こうして大学生としての4年間が終わり、1970（昭和45）年に卒業した。皆と同じように大学院へ進んだが、将来何になるのかという気持ちはやはり固まっていなかった。

　大学院1年の時、いよいよ就職する段になって、就職活動で航空機関連の大企業を訪問して感じたのは、大きな会社の歯車のひとつになって働くことが自分の「人生のやりがい」とはどうしても思えないということだった。

　そんな頃、私は長兄が勤務している金沢の医王園（後の医王病院）を訪れた。そこで、兄が重症心身障害児医療に人生を捧げ、患者さんや家族から頼りにされ、感謝されてやりがいを持って働いている姿を見て感動し、医学部に入りなおすことを決意した。

会社訪問での航空学科の同期生たち
(左から２人目が筆者・３人目が新美氏)

重症心身障害児医療に人生を捧げた兄(右端)

兄が貫き通した信念

私と長兄とは9歳違いで、私が小学校3年の時、兄は金沢の大学に入ったため、ほとんど一緒に過ごした記憶はない。しかし、いろいろな点で兄の影響を受けていた。私がラグビーを始めたのも、医者になる道を選んだのも、やはり兄の影響だった。

兄は生来、無口な性格で、どちらかと言うと偏屈者、変わり者と思われ、人と関わることが苦手だった。

大学卒業後は小児科を専攻し、教授から打診された赴任先は、誰も行きたがらない重症心身障害児施設の医王園だった。当時、障害児は「座敷牢」と呼ばれる家の中の人目に触れない所で養育される状況だった。しかし、兄は赴任先を不服とせず、障害児医療に取り組んだ。

普通、医者の世界では色々な病院を異動することで一人前の医者になるのだが、兄は、その後、一度も異動することなく自ら希望して定年まで医王園に勤めることになった。

兄にとって障害児は、何も話さなくても自然体で向き合える、微笑みと喜びを与えてくれる存在だった。

障害児を心から愛し、寝かせておくよりも外気に触れさせることが大切と、戸外に連れ出し、自ら汗を流して運動させたり、夏は防火用水を自ら掃除してプールにし、泳がせたりした。毎日、肉体労働をしている姿に、周りからは医者らしくないと批判された。しかし、人に何を言われようと、兄は自らの信念を貫いていた。

障害児一人ひとりを一人の人間として向き合い、毎朝始業前に40分ほどかけて、全病棟の子ども一人ひとりに「おはよう！　おはよう！」と声をかけていた。子どもたちは毎日、兄が来るのを待っていた。

そんな兄は障害児親子に慕われ、感謝され、やりがいを持って仕事をしていた。私が医者になるのを決めたのは、そんな兄の姿を見てのことだった。

兄はクリスチャンで、学生の時から教会（金沢元町教会）に入り浸っていた。学生の時に洗礼を受け、教会を愛し、聖書と祈りで心の安らぎを得ていた。そんな兄は名古屋に帰ってくるといつも聖書を読んでいた。自分の仕事について「障害児に仕えることが僕の伝道だ」と語っていた。

誰もやりたがらない仕事でも、長年続けていれば周りから次第に評価されるようになる。当初、大学からは馬鹿にされていた兄であったが、後には、大学からも認められ、金沢大学臨床教授を依頼され学生教育にも関わっていた。

晩年には、北陸小児科学会の会長や望んだこともない院長を拝命され、苦手な役職も天命と信じて重責を担っていた。

人に何を言われようと自らの信念を貫いた兄

晩年には望んだこともない院長を拝命

障害児母子ら６００人に見送られて

医王病院も若い医師が増えるに従って、鼻の管から流動食を入れる鼻腔栄養が行われるようになった。この鼻腔栄養について兄はある信念を持っていた。「子どもの意思ではないのに、鼻の管に食事を流すのは失礼だ。母の手でも食べなくなった時は命が終わる時だ。それで母子ともに十分幸せなのだ」というもので、管につながれた子どもの姿を目にすると、ひとり無念がっていた。

兄は障害児を運動させるためにいつも身体を鍛えていた。毎朝ジョギングし、通勤は自転車で自宅から病院まで30分ほどかけて通っていた。名古屋に帰ってくるといつも短パンとシューズを持参して、早朝にジョギングをしていた。

２００６（平成18）年10月19日の朝、いつも通りに自転車で病院へ向かう途中、自転車ごと道路わきに倒れた。不整脈による心肺停止であった。

通りかかった見知らぬ看護師さんたちによって心肺蘇生を受け、救急病院へ搬送された。幸い心拍は再開したものの、高度の脳障害が残り、自分自身が植物状態の「重症心身障害者」になってしまった。

この時、私自身も見舞いに行ったが、眼を開いており、痛みには反応するものの、意思疎通は全くできず、意識の回復は難しかった。

その後、主治医から家族に対して、今後の治療方針について、鼻腔栄養の話があった。兄の信念を知っていた家族はこれを希望せず、点滴のみの治療を受けることになった。

その時には、おそらく長くて数カ月が限度と思っていたが、元来、健康であった兄はその後1年以上も生存していた。しかし、亡くなった時には、体重は半分くらいになっていた。

普通、1年以上にわたる看病生活は、家族にとってさぞかし大変だろう。しかし、兄の場合はそうではなく、生涯にわたって出会った多くの障害児母子や友人が連日のように見舞いに訪れ、元気な頃の兄の話や兄に世話になった話を語った。家族も全く知らなかった世界を知ることができ、あっと言う間の1年であったようだ。

07（平成19）年11月1日、兄は享年69歳ですべてを終えて天に召された。通いなれた金沢元町教会で行われた葬儀には、６００人にも及ぶ障害児母子や友人が訪れ、別れを惜しんだ。「障害児に仕えることが僕の伝道だ」という兄の言葉がその通りになった。

生前、叙勲の話は何度も上がっていたが、兄は無頓着でいつも辞退していた。今回は死後叙勲として家族が頂き、瑞宝中綬章が祭壇に飾ってあった。

私は兄の形見として、兄が愛用していた聖書を頂き大切にしている。兄は今でも私のもっとも尊敬している人のひとりだ。

すべてを終えて天に召された兄、享年69歳

兄の形見の聖書

人生で一番「嫌な奴」だった頃

工学部から医学部への転進を決意した私は、医学部を受験するため、大学院1年の夏休み過ぎから就職活動をやめて、受験勉強をすることになった。

大学に入ってから、自分で生計を立てるために家庭教師のアルバイトを続けており、多い時には3人の高校生を教えていた。このアルバイトがそのまま自分自身の受験勉強にもなったので、大学受験はそれほど苦痛ではなかった。

私は希望通りに合格することができ、1971（昭和46）年4月、名古屋大学医学部の1年生になった。

医学部の新1年生となった私は、再び人生のやりがいとしていたラグビーを続けることにした。新たに再入学したことで、愛知県ラグビー協会から公式戦への参加が認められたので、再度、5年下の全学のラグビー部の後輩と一緒にプレーすることになった。

医学部のラグビー部にも所属し、試合と合宿のみ医学部ラグビー部の一員として参加した。結果として11年間大学のラグビー部でプレーしたことになる。

医学部へ入ってからの最初の2年間の私は、人生の中で最も「嫌な奴」だった。

当時、大阪大学医学部の不正入試が大きな社会問題となるなど、国立大学医学部へ入学するのは難関中の難関と言われていた。

その国立大学医学部へ入学できたことで、周りからチヤホヤされたこともあり、私はすっかり思い上がってしまい、傲慢に振る舞っていた。

今から思い起こせば恥ずかしい限りで、他の人から見れば、「自分勝手」「無責任」という言葉が当てはまる本当に許せない存在だったと思う。まさに自分の人生の中で、一番「嫌な奴」になっていたのだ。

医学部の最初の2年間は、他の学部と同様に教養課程があり、私はこの授業を受けなければならないのが不服だった。

と言うのも、取得しなければならない単位は医学部よりも工学部のほうが多く、すでに医学部の学生よりも多い単位を取得していたからだ。

そこで、傲慢だった私は医学部長に、「医学部での教養課程の単位取得を免除してもらえないか」と手紙で上申した。当時の医学部長は高木健太郎先生で、ラグビー部の顧問でもあったためか、私の身のほどをわきまえぬ訴えに耳を傾け、工学部での単位を認めてもらうことができた。

その時の高木先生の思いは、「単位を認めることで時間的な余裕ができた分、ほかの学生の模範となるよう時間を有意義に使うように」というものだった。しかし、その頃の私は、高木先生の気持ちを理解しようとはせず、ラグビーとアルバイトに明け暮れる日々を過ごしてしまった。

医学部入学当時の筆者

フランス語夏季留学に向かう飛行機の中で

フランス語教室で暢子との再会

ラグビーとアルバイトに明け暮れていた教養課程の2年間で、熱心に打ち込んだことがひとつだけあった。フランス語の勉強だった。

教養課程の単位の取得を免除されたものの、2年間はほかに勉強することがなく、自由な時間がたくさんあった。そんな中、ひとつくらいはものにしたいとの思いから選んだのがフランス語だった。教養課程でフランス語の授業で受講できる授業はすべて受講した。

そのフランス語を短期間で効率的に修得するために、2年生の夏休みにはフランスへ留学し、語学学校の夏期講座を受講した。その結果、会話もかなり自由にできるようになり、英語よりもフランス語のほうが得意になった。

せっかく学んだフランス語を忘れないために、医学部の専門課程へ進んでからも勉強を続けることにした。日仏文化協会が主催しているフランス語教室に通うことにした。

そこで私の生涯にとって大切な出会いがあった。妻の暢子《ようこ》との出会いである。暢子とは以前、工学部の先輩の卒業パーティーで一緒になったことがあったが、その後は会うこともなく、数年ぶりにフランス語教室で再会した。

暢子も色々なことに興味を持ち、その頃はフランス語に没頭していた。フランス語教室を通して2年ほどの交際を経て、医学部5年生の時に結婚することになった。学生結婚に踏み切ったのは、お互いすでに27、28歳という結婚適齢期に差し掛かっていたからだ。

学生の身であり、あまりお金をかけない結婚式を計画した。仲人は、暢子のフランス語の先生である南山教会のシューベルト神父様にお願いし、式は南山教会で行った。新婚旅行は車で南紀旅行という質素なものだった。

結婚はしたものの、医学部の5、6年生は実習や国家試験があり、1、2年生の時のようにアルバイトをする時間的なゆとりはなかった。そんな新婚生活の家計を支えてくれたのは暢子だった。暢子の実家は呉服屋で、家の手伝いをして無収入の私に代わって生活費を稼いでくれた。

そして、6年生の国家試験の受験勉強の真っ最中の2月に生まれたのが長男の清猛《きよたけ》だった。国家試験の勉強をしながら、生まれてくる子どもの名前を一生懸命考えていた。

1977（昭和52）年3月、医学部を無事卒業して、国家試験も合格し、いよいよ社会人として病院勤めをすることになった。普通の医学生より5年遅れの28歳の時だった。

婚約当時の筆者と暢子

南山教会のシューベルト神父様の仲人で結婚式

全国屈指のＩＣＵ、名市大へ

医学部を卒業しても最初の２年間は研修病院で初期研修医として研修を受けなければならない。初期研修で選んだ病院は名古屋第一赤十字病院であった。当初、外科希望で就職したが、研修でいろいろな科を回っているうちに、集中治療がやりたくなって、麻酔科を専攻することにした。

当時はまだＩＣＵ（集中治療室）という言葉自体が目新しい時代だった。最新の医療機器と最先端の医療技術を駆使して重症患者を救命する集中治療は非常にやりがいがあり、興味深い医療に思われた。

当時、集中治療を担っていたのは麻酔科医であった。その麻酔科で全国的に名前が知られていたのが、名古屋市立大学麻酔科教授、青地修先生であった。当時、ＩＣＵのある大学は全国的にもまだ少なく、名市大ＩＣＵは全国でも屈指のICUのひとつだった。

名大を卒業して名市大の医局に入る医師はほとんどいなかったが、私は1978（昭和53）年4月、初期研修を1年で中断し、青地先生の教室へ入局した。名市大麻酔科での研修は非常に厳しかった。麻酔科医の重要性は今でこそ認められているが、当時の麻酔科医は外科医の下働きというイメージが強かった。その麻酔科医の存在価値を高めるために、毎日が外科医との戦いだった。

手術室の麻酔とICUの集中治療をテリトリーとしていた名市大麻酔科の評価は非常に高かった。その評価を高めるために、先輩たちは並々ならぬ努力をしていた。

麻酔・集中治療の領域では、ひとつ間違えば患者の死に直結するため、指示命令系統や医療のやり方は徹底して統一されており、「名市大のやり方」以外は許されなかった。

違う医療行為をすれば、どやされたり蹴飛ばされたりするのが日常茶飯であった。そうした厳しい教育・指導を受けたおかげで、麻酔・集中治療の基本が身についたといっても過言ではなかった。

全国的にトップレベルのＩＣＵで学ぶことを希望して多くの医師が名市大麻酔科に入局したが、厳しい指導でやめていく医師も多かった。そのため名市大麻酔科に残った医師は皆ユニークな人ばかりだった。

働き方改革の今、当直は多くても月に4、5回だが、当時は7、8回というのが当たり前の世界だった。3日に1度は当直で、徹夜になることも多く、身体的にも精神的にもかなり大変だった。しかし、ラグビーを通して学んだ「やりがいを持ってやっていれば大変なことも耐えられる」という人生訓を身につけていた私は、厳しい勤務にも耐えることができた。

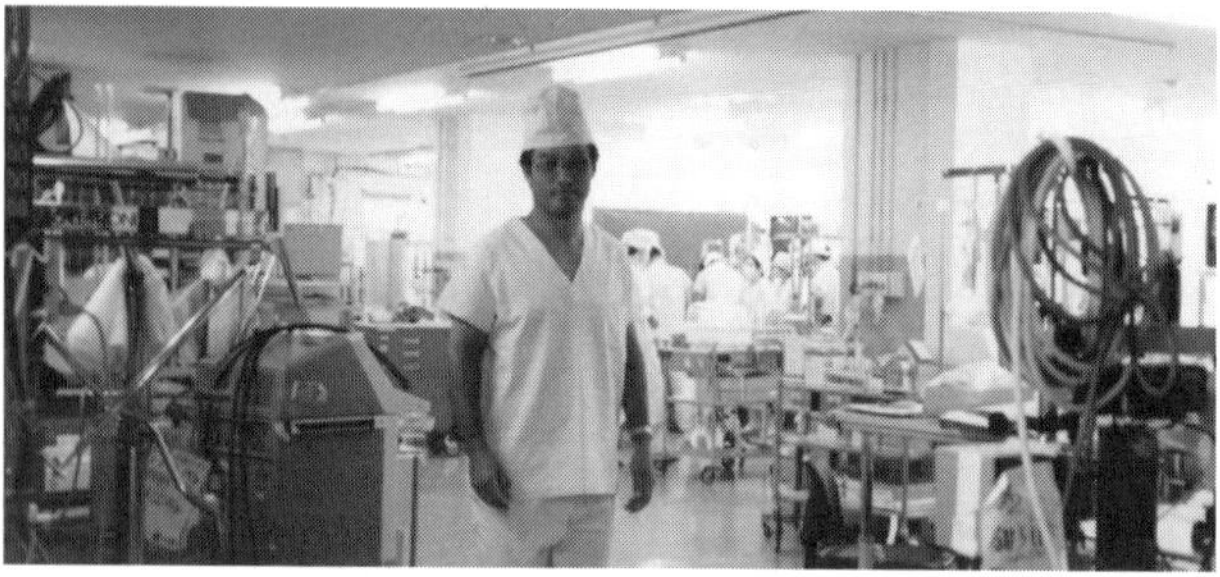

名市大ICU で働く筆者

名市大麻酔科のユニークな人たち
（前列中央が筆者）

突然決定したトロント大学留学

名古屋市立大学麻酔科での勤務も10年近くなり、麻酔・集中治療もほぼマスターして、自分自身の麻酔・集中治療の考え方を持つようになった。

その頃から少しずつ上司のやり方に疑問を持つようになり、ある日、上司と真っ向から衝突する事件が起こった。そして、名市大麻酔科を辞める事態にまで発展し、自分では退職を覚悟していた。

その時、私をサポートしてくれたのが、当時、麻酔科助教授（後に名古屋東市民病院長）の津田喬子《たかこ》先生だった。

津田先生は、冷却期間を置くためカナダ・トロント大学への留学を勧めてくれた。トロント大学は以前、津田先生が留学していたこともあり、私の受け入れに全く支障はなかった。

名市大麻酔科を辞めるか、津田先生のアドバイスを受け入れるか、その後の人生を大きく左右する分岐点だった。名市大麻酔科を辞めることは、名大系の病院に行くことを意味し、将来、八事日赤へ赴任することはなくなり、災害医療や国際救援に関わることもあり得なかった。このアドバイスを受け入れていなければ、その後の人生はまったく別のものになっていた。

いろいろ悩んだ挙句、津田先生のアドバイスを受け入れ、1986（昭和61）年から2年間、私はトロント大学麻酔科へ留学することになった。

突然の留学の決定で何も準備ができていない中、家族全員のカナダへの移住は大変だった。この時、長男の清猛が小学校4年生、長女の優子が2年生、次女の恭子が1年生だった。

同年12月、英会話も十分ではなかったため、自分だけまずトロントに行き、語学研修を受けながらまずアパートを探して家族を呼ぶことにした。約1カ月後、アパートも見つかり契約も済ませたうえで家族を呼び寄せた。

しかし、アパートの大家から突然契約破棄の通知を受け、家族全員途方に暮れた。マイナス10度の真冬のトロントでのさんざんな留学生活の始まりだった。しばらくダウンタウン近くにあった週決めのアパートに滞在し、最初に決めていた小学校に子どもたちを入学させ、アパート探しを続けた。

次に決めた住まいは、1軒家の2階を間借りするところだった。1階は別の住人が住んでいたので、日本人の感覚からするとあまり居心地のいい住まいではなかった。子どもたちは、その近くの学校に転校した。

その住居に2カ月ほど住んだ後、友人の紹介で新しいアパートが決まり、子どもたちの最初の学校での新しい生活が始まり、落ち着いたのは数カ月後だった。

マイナス10度の真冬のトロント(暢子と子どもたち)

借り住まいのアパートで暢子と子どもたち

言葉のストレスに悩まされ

突然の留学の決定でさんざんな留学生活の始まりであったが、アパート探し以外にもいろいろ問題があった。とりわけ、私と子どもたちは言葉のストレスに悩まされた。

暢子は英文科を出ているので英語が堪能で、私よりもはるかに流暢《りゅうちょう》に英会話ができた。2年目にグレード13を1年間履修して、高校卒業の資格を取得するほどだった。

一方の私は病院での仕事中、言葉が十分通じないことでかなりストレスを感じていた。知らないところで働くこと自体がストレスであるのに加え、言葉の壁があるのはつらかった。麻酔・集中治療の領域ではコミュニケーションが取れないことは重大な医療ミスに繋がるため致命的なことだった。何度か冷や汗をかく場面もあったが、幸いなことに大事には至らなかった。

一方の子どもたちも同様だった。小学4年生、2年生、1年生の子どもたちは、言葉が全く分からないまま現地の小学校に入った。カナダは移民を受け入れていたので、言葉が通じない子どもでも受け入れに問題はなかった。ストレスからか、子ども同士でいつもけんかをしていた。

私はストレス解消を兼ねて、地元のラグビーチーム「トロントライオンズ」に入った。週2回の練習と月2回の試合があり、ラグビー仲間は言葉が通じなくても全く支障はなかった。

ラグビー仲間にはイギリスからの移民が多く、本場イギリス流ラグビーに直に触れることができた。練習や試合が終わると、イギリス流のパブに行って家族同伴で楽しむことがよくあった。言葉のストレス解消には申し分のない場であった。

ここで知り合ったラグビー仲間は、留学を終えてからもお互いの家庭を訪問することもあり、今でも交流が続いている。

一方、子どもたちはアパート近くのスイミングスクールに通わせた。そこでは、元オリンピック選手のコーチが自分の子どもをオリンピック選手にするために毎日、特訓をしていた。子どもたちもコーチの子どもと同じように毎日相当しごかれていた。

おかげで子どもたちは水泳が得意となり、いろいろな大会にも出場するようになった。そして、それがストレス解消にもなり、落ち着きを取り戻して、カナダでの生活になじんでいった。

さんざんな留学生活の始まりで色々大変なこともあった。しかし、最初から「家族でカナダ留学を思い切り楽しむ」と決め、早々に色々なところを旅行したりしていたので、子どもたちのストレスもそれほど深刻ではなかった。

トロントライオンズのチームの仲間
（中段左から二人目が筆者）

スイミングチームの子どもたち
（左：コーチと右：チーム仲間と）

カナダでの旅行を満喫

名市大から基本給の支給はあったが、それだけでは生活できない。海外生活を家族全員で思い切り楽しむために、貯金はすべて取り崩す覚悟だった。

カナダに着いてすぐに新車のステーションワゴンを購入し、週末は車でよく旅行をした。

留学して間もない頃、アパートや子どもの学校がまだ決まらず落ち着かない頃だった。真冬の厳寒下のトロントから抜け出してフロリダのディズニーランドに行った。初めてのディズニーランドで、子どもたちの喜んだ顔は今でも忘れられない。翌年の冬もトロントを抜け出し、温暖なメキシコとジャマイカのリゾート地を旅行した。

カナダならではの旅行を特に楽しんだ。真冬の犬ぞりを体験するツアーはその一つだ。山小屋の宿舎で寝泊りして、犬ぞりで公園内を移動するもので、日本ではまず体験できないツアーだった。

また、真冬の凍ったナイアガラの滝は、寒さは厳しかったが多くの観光客が訪れる夏の時期とは全く異なり素晴らしいものだった。

夏は夏でカナダならではの旅行がある。トロントから車で2時間ほどのところにあるアルゴンキンパークでのキャンプだ。パーク内を2隻のカヌーで移動してテントでのキャンプ生活を楽しんだ。パーク内ではムースをはじめ色々な動物に遭遇することができて、子どもたちも大喜びだった。自然の中で魚釣りや飯盒炊飯をするキャンプ生活は忘れられず、翌年にも日本人の友人家族と一緒に同パークでのキャンプを楽しんだ。

清猛はこの時の思い出が記憶に残っているのか、後にアメリカでの生活の中、子どもと一緒にアルゴンキンパークのキャンプに出かけている。

その他にも週末を利用して、カナダとアメリカ国内の世界遺産を中心に色々なところを旅行したが、日本では経験できないことばかりだった。

トロントからバンクーバーまで、車で大陸横断をしたこともあった。名古屋で所属していたラグビーチーム「東惑クラブ」がバンクーバーに遠征した時、合流して試合に出るためだ。1日千キロ近く走り、数日かかってバンクーバーに到着した。試合とパーティーに参加して、家族ともども楽しい時を過ごした。

カナダ留学は子どもたちには良い経験になった。その影響か、子どもたちはみんな海外志向が強く、大人になっても海外生活に違和感がない。

清猛は今もアメリカに住んでいるし、優子も恭子も夫の勤めの関係で、アメリカ、ドイツ、シンガポール、フィリピンでの海外生活を楽しんでいた。いま孫たちが当時の子どもの年齢になったが、楽しかった海外生活を孫たちに経験させているようにみえる。

アルゴンキンパークでのキャンプ

トロントからバンクーバーまで、車での大陸横断

留学中の大変な辛い出来事

留学中、楽しいことも多かったが、大変な辛い出来事も幾つかあった。留学当初、家主からアパート契約を突然破棄され、家族全員が真冬のトロントで路頭に迷うことになったのもその一つだ。

留学に際して、一番気がかりだったのは、暢子の両親の健康状態だった。義母はパーキンソン病で入院中だったし、義父は慢性呼吸不全で通院治療中だった。留学出発前、ひょっとすると留学中に両親に何かあるかもしれないことは覚悟していた。

留学をして半年くらいたった頃、家族から義父の急逝の連絡が入った。子どもたちがようやく留学生活に慣れた頃だった。帰国しても義父はすでに亡くなっており、葬儀に出ることしかできなかった。

暢子と相談した結果、暢子だけ帰国して葬儀に出ることにした。子どもたちと一緒に帰国すれば、おそらく子どもたちは、もうカナダに戻りたくないと言い出すことを心配してのことだった。私が義父の葬儀に出られなかったことは、今でも一生の後悔の念として残っている。

3つ目の大変だった出来事は、トロントで博士論文を完成させることだった。トロント留学が突然決まったため、色々なことが中途半端のまま出発した。当時、指導教官として津田喬子先生から指導を受けていた博士論文執筆が未完成のままになっていた。

留学して半年くらいたった頃、津田先生から「留学中に博士論文を完成させるように」との連絡があった。自分としては「論文は完成させなくてもいい」という返答をしたが、津田先生からは「絶対完成させるように」と念を押された。私の将来のことを思っての温かい心遣いだった。

それからが大変だった。論文執筆のための資料を日本から取り寄せ、3週間近く休暇をとって図書館に閉じこもり論文執筆に専念した。無事論文は完成させることができたが、このことについては津田先生には本当に迷惑をかけたしお世話になった。

4つ目の大変だったことは、運転免許証の期限切れのトラブルだ。留学も1年以上経った頃、家族全員でワシントンに車で旅行中、ポリスに停止を命ぜられ免許証の提示を求められた。免許証は1年間海外での運転が可能な期限付きのものだった。うっかりしてその期限が過ぎていたことに気が付かなかった。

免許の更新には筆記試験を受けて再取得する必要があった。とりあえず家族でモーテルに宿泊し、一夜漬けで筆記試験の勉強をした。翌日、家族をモーテルに残し受験をしに行った。幸い、それほど難しい試験ではなかったため、無事免許は取得でき、旅行を継続することができた。

トロントの週決めのアパートで落ち着かない子どもたち

元気だった頃の暢子の両親(下は清猛と優子と暢子)

トロント大学で学んだこと

トロント大学医学部は、医学の世界では長い歴史があり、様々な領域で世界のトップレベルにあった。そのため、日本ばかりでなく世界中からトロント大学に留学しているドクターが沢山いた。

私の留学中も多くの日本人ドクターと一緒になった。名古屋からも碓井章彦先生（名大胸部外科教授）や内藤健晴先生（藤田医科大学耳鼻科教授）が留学していた。２人はラグビー仲間で、時折、家族同伴のパーティーなどで一緒になることもあった。

碓井先生は高校大学時代のラグビー部の後輩で、病院でたびたび一緒になることがあり、心臓外科の手術で麻酔科医と心臓外科医の立場で一緒になることもあった。

他にも何人かの日本人ドクターがいたが、どのドクターもみな優秀で帰国後は教授などの重要なポストに就いていた。

トロント大学での私のポジションは visiting assistant professor（客員教授）で、アカデミック・ライセンスを取得できた。当時、海外で医療行為をするのは難しくなっていたが、アカデミック・ライセンスがあれば指導医の下で臨床を行うことができた。手術室、ＩＣＵで現地の医師と同様に普通に医療行為ができ、日本よりも進んだ先端技術に触れることができた。

トロント大学医学部の関連病院であるＴＧＨ（Toronto General Hospital）の手術室、ＩＣＵでの勤務が中心であった。

麻酔・集中治療については、一応一通りの手技や知識はマスターしていたので、「名市大のやり方」しか知らなかった私にとって、他の施設でのやり方を見ることは非常に興味深かった。特に、世界のトップレベルにあるトロント大学で学んだことは多かった。

「名市大のやり方」でマスターしたと思っていた麻酔・集中治療は、実に狭い世界の知識であったことを思い知らされた。

麻酔・集中治療の考え方や技術ばかりでなく、ハード面のＩＣＵの設備設計なども非常に勉強になった。後に八事日赤の救命救急センターの設計に際して、ＩＣＵを全室個室にしたのは、トロント大学で学んだことだった。

私の勤務は決められたduty（仕事）もなく、比較的自由に設定できたため、トロント大学医学部の関連病院で外傷救急、麻酔・集中治療、小児医療でそれぞれ有名なサニーブルック、マウントサイナイ、シックキッズなどの病院を数カ月単位でローテーションした。

これらの病院でもそれぞれの領域の最先端の医療に触れることができ非常に参考になった。

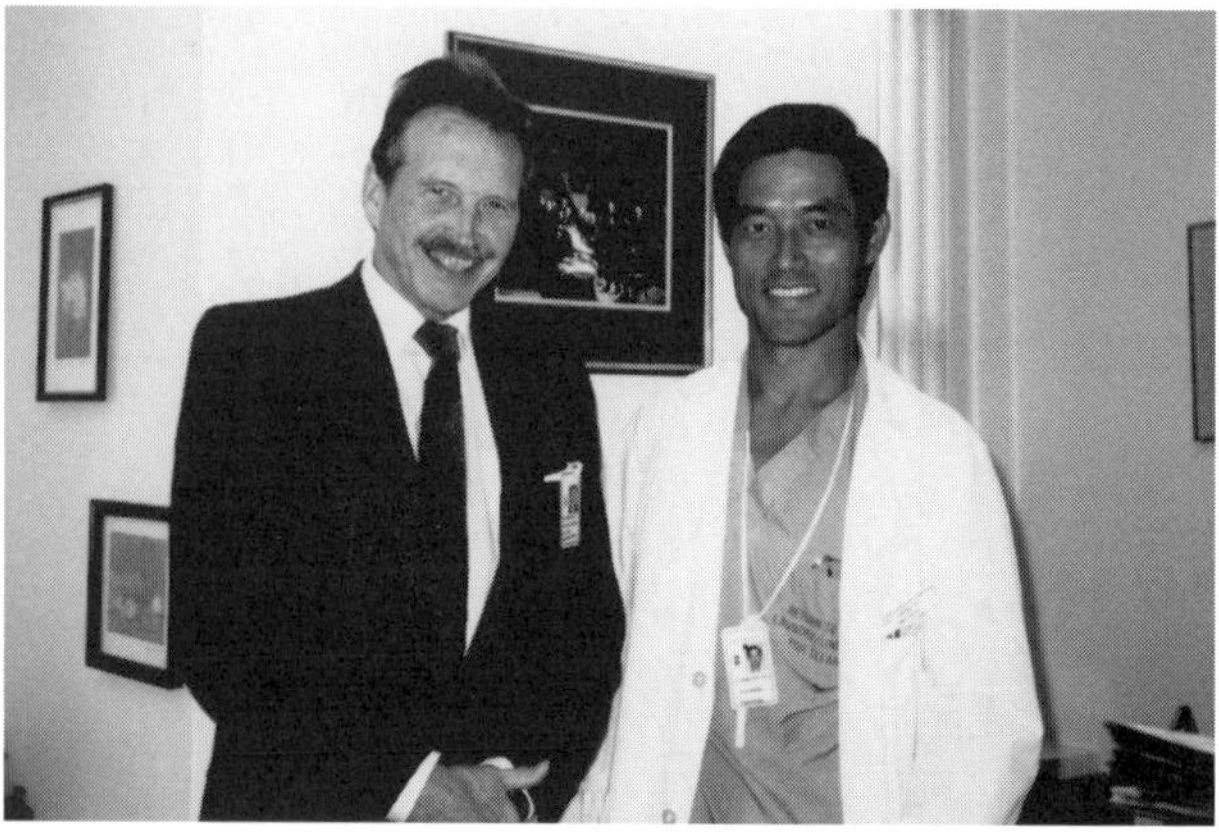

トロント大学麻酔科のボスと

トロントジェネラル・ホスピタルの手術室スタッフと
（左から４人目が筆者）

名市大病院集中治療部助教授としてのやりがい

カナダ留学中に、日本国内では大きな変化が起きていた。昭和天皇がご逝去され、時代が昭和から平成に変わっていた。名市大麻酔科も大きな人事異動があり、教室の雰囲気も留学前とは一変していた。

１９８９（平成元）年、カナダ留学を終えて帰国した時、私を待っていたのは名市大病院集中治療部助教授のポストだった。

大学の助教授は、医局全体の三つの領域、すなわち臨床、研究、教育で総括的、かつ実質的な責任を担う立場にあり、非常に多忙な毎日だった。特に、集中治療の領域では全国でもトップレベルにあった名市大ＩＣＵに求められるものは大きかった。

助教授として自身で論文を書くばかりでなく、後輩の指導も行い、教室の業績を積み上げていくことが重要な使命であり、学会活動にも積極的に参加した。主要な学会には必ず幾つかの演題を出さねばならないし、依頼原稿も沢山受けることになった。私はそうした自分や教室の業績づくりにそれなりのやりがいを持って取り組んだ。

上司である教授も青地修先生から勝屋弘忠先生（後の旭労災病院長）に代わり、医局の雰囲気も大きく変わっていった。

勝屋先生のもとで日本集中治療医学会という全国学会の責任者として運営に関わったことは、非常に大変ではあったが良い経験になった。後に自分が会長として主催することになった日本救急医学会中部地方会と日本集中治療学会東海北陸地方会の運営をうまく行うことができたのはその経験のおかげだ。

助教授としての仕事も数年を経た頃、日々の仕事に対して少しずつ疑問を抱くようになった。患者さんの診療に費やす時間よりも、学会発表のためのデータとりや論文執筆に時間を費やすことが多くなったからだ。

医局にとっては、研究や論文の執筆、学会活動も確かに大切な仕事だが、それは本来自分が望んでいたことではなかった。医師になることを志したのは、患者さんに寄り添い、ともに生きている兄の姿に心打たれたからだった。

教室をやめることは勝屋先生にも大きな痛手になることは重々わかっていたが、先生もそのような私の生き方に理解を示してくれた。

そんな時、声を掛けていただいたのが名古屋第二赤十字病院（八事日赤）の栗山康介院長だった。永年、非常勤医師として八事日赤の麻酔科・集中治療部には関わっていたので、病院の雰囲気、スタッフのこと、勤務の内容等は全て熟知していた。

１９９４（平成６）年、私は大学病院助教授を辞して、八事日赤の麻酔科・集中治療部長に就任した。

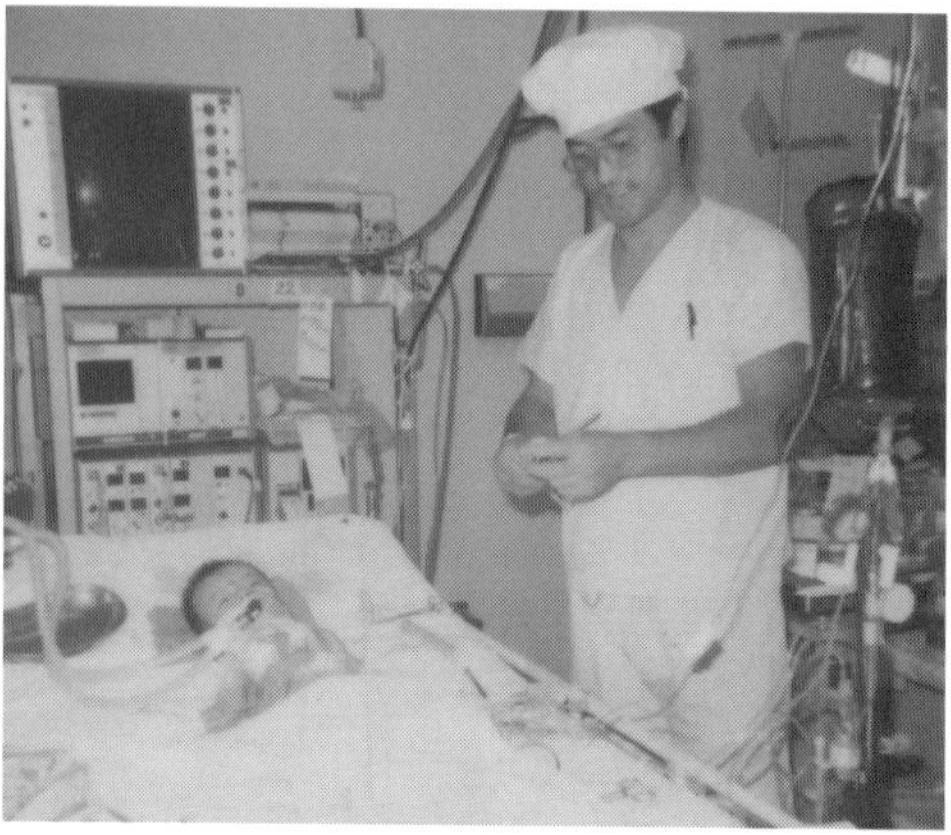

名市大ICU でやりがいを持ってやっていた
重症患者管理

責任者として日本集中治療医学会の運営に
携わる(左が筆者)

八事日赤ＩＣＵでのやりがい

八事日赤のＩＣＵでは自分が求めていたやりがいのある仕事ができた。医師として集中治療を専攻し、ＩＣＵで生きるか死ぬかという患者さんを救命し、患者さんや家族からの感謝の言葉に大きなやりがいを感じることができた。毎日、非常に過酷な勤務ではあったが、日々やりがいを感じてやっていたのでそれほど大変ではなかった。

20年、30年たった最近でも、病院の廊下ですれ違った患者さんから、突然「昔、先生にＩＣＵで助けてもらいました」という声を掛けられたことがある。大きなやりがいを感じる瞬間だった。

今振り返ってみると、やりがいを感じた沢山の患者さんがいたが、ＩＣＵで元気になった患者さんのことはほとんど覚えていない。記憶に残っているのは、助けることができなかった患者さんのことがほとんどだ。多くの患者さんの死にも立ち会い、その患者さんの家族と死と向き合う場面も数多く経験した。

今でも忘れられないある少女の死がある。心筋症のため18歳の若さで亡くなった吉田しのぶちゃんのことだ。

しのぶちゃんは小学校の時から日記を書き続けていて、中学、高校時代は読書が何よりも好きだった。しのぶちゃんは、生来健康で、高校ではソフトボール部のエースで、健康優良児でもあった。

そんな元気なしのぶちゃんが18歳だった1984年8月30日、心筋症による心不全でＩＣＵに入室した。かなり重症であるにもかかわらずＩＣＵのスタッフに笑顔を振りまいていた。しのぶちゃんのような元気で明るい重症患者は見たことがなかった。あの笑顔はいまでも忘れることができない。

一度は病状が回復して、一般病棟に移ったが、９月20日、再度ＩＣＵに入室した。二度目にＩＣＵに入ってからは全く元気がなく、亡くなるまで一度も笑顔を見ることができなかった。そして、9月29日治療の甲斐なく亡くなった。今なら心臓移植で救命できるのに、当時はできなかった無念な思いがあった。

しのぶちゃんが亡くなった半年後、お母さんの吉田俊子さんによって、しのぶちゃんの生きた証《あかし》を残すために、しのぶちゃんが毎日書き続けた日記を中心にまとめた吉田しのぶ遺稿集「ありがとう」が発行された。タイトルの「ありがとう」は中学時代の日記の表題からとったものだ。１９８６年４月２日の中部読売新聞にも「ありがとう」が取り上げられた。

死にゆく人・悲嘆にくれた家族の思いなどお母さんとしのぶちゃんの入院中の色々な思いも書かれている。ＩＣＵで治療を担当した医師として反省することも沢山あった。

しのぶちゃんのことは今でも鮮明に覚えている患者さんの一人だ。

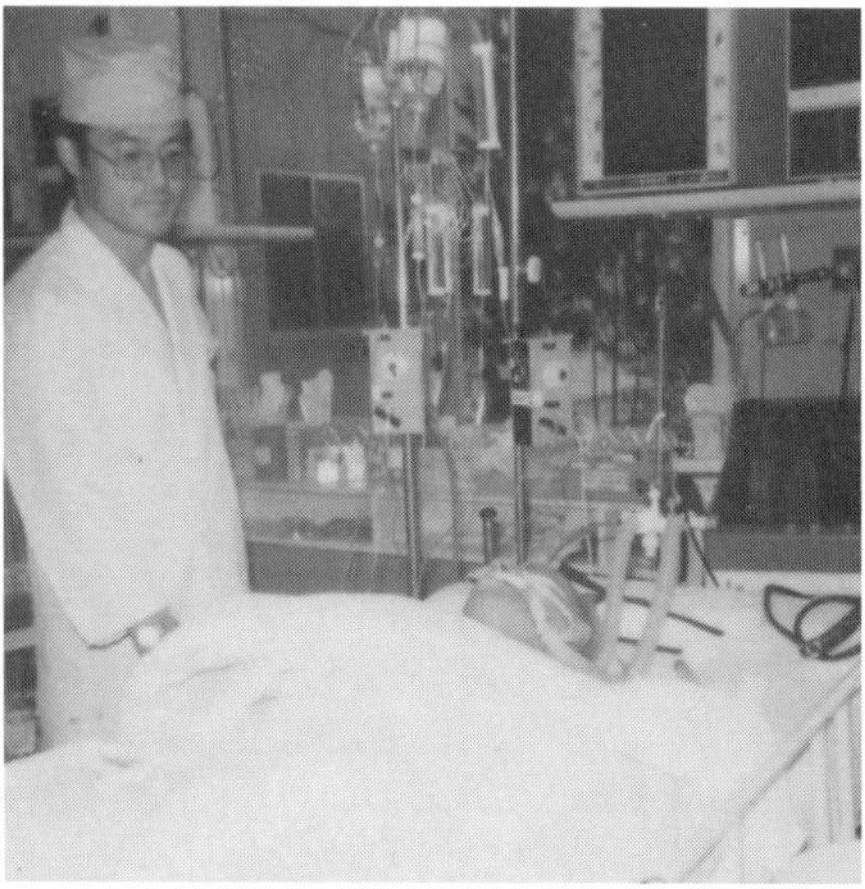

八事日赤ＩＣＵで集中治療にたずさわる筆者

「ありがとう」の本としのぶちゃん

父が望んだ理想的な最期

父、石川銀一もＩＣＵで治療を担当した患者さんの一人だった。

父については、柳橋で薬局を経営し、まじめな商売人として働いていた頃の姿が記憶に残っている。私をはじめ子どもに対してはあまり厳しくはなかったが、頑固な性格で、一度言い出したら聞かないことがよくあった。自分にもそういう点があるのは父の血筋を引いているからかもしれない。

昔の人にしては大柄で体力もあったが、70歳の頃に脳卒中で倒れて長期間入院してからは、一気に病弱になった。私が医学部に入りなおして、医学のことを勉強し始めた頃だった。

それ以後、家の中で自分のことができる程度で、店の仕事はできなくなり、次兄と母が跡を継いでやっていた。それから10年ほどは、母が父の面倒を見ていたが、年を経るにつれ体力がなくなっていくのが目に見えていた。「いつか病状が悪化して急変するのでは……」と気がかりであった。そんな1984（昭和59）年2月4日の夜、母から突然電話があった。「おじいさんが、お風呂に入った後で、ゼイゼイいって苦しそうだけどどうしたらいい？」と。

いつかこの時が来るとは思っていた。私が医者になって7年目、八事日赤の集中治療部副部長の時だった。ICUで多くの重症患者を経験していたので、父の病態はすぐに想像ができた。

「呼吸困難を伴う心不全」で、ICUで集中治療をしても良くなるかどうか、かえって苦しませるだけかも、と迷った挙句、苦しんでいる父を見過ごせず八事日赤のICUに収容した。

人工呼吸をしなければ助からない状況だったため、口から管《くだ》を入れて人工呼吸を開始した。その後しばらくして、父の意識が戻った時、口に入れた管が苦しいために、しきりに「管をとってくれ！」と訴えた。この時にはＩＣＵに入れなければ良かったかも、と後悔する気持ちもあった。しかし幸いにも、数日で病状は回復して、管も抜くことができ、ＩＣＵから一般病棟に移ることができた。

一般病棟に移ってしばらくして、父は「早く家に帰りたい」と訴えるようになった。その時には、「早く家に帰してあげよう。この入院が最後かも……」との思いがあった。そして、３月８日退院した。

それ以後は自宅で療養していたが、徐々に動けなくなり寝たきりの状態になった。そして、１９８４年10月14日、家族全員に見守られて自宅で静かに亡くなった。この時、まさに名古屋まつりの真っ最中で、自宅近くの柳橋の広小路通りでは、英傑行列が行われていた。享年82歳で生涯を閉じた父の死は、住み慣れた自宅で家族に看取られての理想的な最期であった。

薬局を営んでいた元気な頃の父

病弱になってからの父

医者の不養生

私は高校時代から、ラグビーで鍛えた身体をもとに、ＩＣＵの仕事の上でも身体を酷使して働いてきた。３日に一回の当直で徹夜になることもしばしばあった。当直以外の日でも緊急呼出しはよくあった。その結果、睡眠も食事も不規則な生活を長く続けていた。そんな過酷な勤務ではあったが、やりがいをもってやっていたラグビーは続けていた。

「東海ドクターズ」という医師、歯科医師をメンバーとするラグビーチームのキャプテンを務め、社会人リーグにも参加し、月２、３回の試合をこなしていた。当直明けに試合に臨んだことも何度かあった。ラグビーを続けていたことで、私も暢子も私の健康についての不安は全く考えもしなかった。

ラグビーの試合で擦り傷などは日常茶飯事であったので、余程のけがでないと気にもしなかった。そんな頃、ラグビーの試合でけがをして救急車で運ばれたことが2度あった。1度は東京遠征の試合で、頭部の切創で10針くらい縫ったけがだった。

もう1度は、名古屋市内のグランドで胸部を強く殴打し、愛知医大に運ばれた。結果は軽い胸骨骨折で大したけがではなかったが、その時、メンバーの一人が暢子に「ラグビーの試合でけがをして愛知医大に運ばれた」と連絡した。

その後の連絡がなかったので、暢子は心配のあまり家のテーブルの周りをグルグル回っていた。それを見ていた幼い子ども3人も、暢子の後をついて同じようにグルグル回っていたという。

後でその話を聞き、その様子を想像して笑い転げたが、暢子の心配は相当なものだったようだ。そんなこともあってか、暢子はラグビーが大嫌いになり、「私は rugby widow だ（女やもめ）」が口癖となった。

そんな無茶で不規則な生活をしていたが、健康には自信があった。どのけがも重大事とは考えず、自分の生活態度を改めようとはしなかった。「医者の不養生」という言葉があるが、それはまさしく私のことだった。

しかし、ついに致命的なけがをしてしまった。1989（平成元）年、42歳の時だった。大阪遠征の試合で、タックルをされて左膝半月板と靭帯《じんたい》損傷のけがをしたのだ。

2回の手術と2年間近く続いた膝の痛みで、それ以後、ラグビーはできなくなった。ラグビーを諦めなければならないくらいの致命的なけがだった。42歳というのは男の厄年だ。国府宮神社へお参りに行かなかったせいかもしれず、昔の人の言うことは正しいと思った。

当直明けの試合にも出場（ボールを抱えているのが筆者）

東海ドクターズクラブのキャプテンとして

テニスも人生のやりがいのひとつに

42歳の時、ラグビーの試合で致命的なケガをして、ラグビーを続けるのは無理と考えラグビーからテニスに転向した。若い時はラグビー以外のスポーツは考えられず、テニスは羽根つき程度に思っていた。

清猛が私と同じ旭丘高校に入学した時、ラグビー部を勧めたのに、入部したのはテニス部だった。あの時は「軟弱な奴だ」とがっかりした。しかし、いざ自分でテニスをやってみたら、結構ハードなスポーツだということが分かった。

そこで、私は清猛の結婚式の父親のメッセージに『あの時言った「軟弱な奴」の言葉は訂正して謝ります。ごめんなさい』と書き込み、謝罪した。

清猛はテニスに打ち込み、名大医学部のテニス部でキャプテンを務め、医学生の西日本大会で優勝するほどになった。そこで清猛が医者になってから、愛知県医師会テニス大会の男子ダブルスに、頼んで一緒に出てもらったことがある。普段、ほとんど言葉を交わすこともなかったので、たまにはゆっくり話をする機会にでもなれば、との思いもあったが、試合中ほとんど話をせずに終わってしまった。それでも結果は優勝できたので、お互い気持ちはひとつになっていたかな、と満足した。

テニスもやり始めると本当に面白く、始めた当初はうまくなるためにスクールに通ったり、多くの本を読んだりした。毎日の早朝テニスで、冬は1時間、夏は2時間くらいプレーし、休日は早朝から夕方までやることもあった。試合にもよく出るようになり、男子ダブルスで何度か優勝したこともある。

テニスはメンタルなスポーツで、試合で勝つための作戦や駆け引きがあり、手軽にできてこれだけの緊張感を味わえるスポーツはほかにはない。ラグビーとは異なるが、テニスも人生のやりがいのひとつになった。

今では毎日の早朝テニスが日課の一つになった。鶴舞公園の中にある市営のコートを使って一緒にやっているのは鶴舞早朝テニスクラブの仲間だ。このクラブは40年以上前から続いており、メンバーは医師、床屋、会社員と多彩で、平均年齢は70歳くらいか、最近若いメンバーが加わり平均年齢も下がった。

毎日2面をチームのメンバーが確保しているので、多い時には10人以上集まることもある。自宅から近いので自転車で好きな時間に行ってプレーをして好きな時間に帰る、非常に気楽なクラブだ。

みな早朝の短い時間、テニスを楽しむために、ほとんど練習はせずダブルスの試合がほとんどだ。1年365日、雨でコートが使えない日以外は真冬に雪が降ってもやっており、端から見ればきちがいと思われるかもしれない。しかし、やっている本人はやりがいをもってやっているので多少の暑さ寒さはそれほど堪えない。

清猛が名大医学部テニス部キャプテンを務め
西医体で優勝(前列右が清猛)

鶴舞早朝テニスクラブ

30年以上毎日続けている早朝テニス

早朝テニスの仲間

狭心症の「自己診断」

ラグビーをやっていた頃は、自分の健康に対する不安は全くなく「医者の不養生」と言われても仕方がない生活を続けていた。42歳の時、ラグビーで怪我をしてからもテニスを続けていたことで、相変わらず健康に対する不安は抱かず、生活習慣・食習慣を変えることはしなかった。しかし、１９９８（平成10）年、ついに決定的なことが起きた。

人生50年という言葉があるが、そんな節目の年齢に差し掛かった時、死を考える大病を患い、ここに至ってようやく自身の生活を根本的に見直すことになった。

習慣となっていた早朝テニスをしていたある朝、いつも通りに練習に続いてシングルスの試合を始めた途端、胸がムカムカするのに気がついた。その時は、テニスをやめると不快感は消え、仕事もいつも通りに行くことができた。

翌朝、同じように練習に続いてシングルスの試合を始めると、前日と同じ不快感が込み上げてきた。

この時、繰り返し起こる症状から「狭心症の労作時不快感」に間違いないと自己診断した。すぐに病院で負荷心電図を取って調べた結果は、自己診断の通りだった。

その後の心臓カテーテル検査では、一番重要な冠動脈の起始部に1カ所、狭《きょう》窄《さく》が見つかった。主治医から、もしこの血管が詰まったら突然死していたと言われた。

ある看護師さんから「先生はテニスをやっていたから突然死せずにすんだ。テニスラケットを床の間に飾っておいたほうがいい」と言われた。私は言われた通りに、しばらくは床の間にテニスラケットを飾っておいた。

狭心症は生活習慣病のひとつで、リスクファクターとして喫煙、糖尿病、高血圧、遺伝、肥満、高コレステロール、ストレスなどがある。

自分に当てはまるのは、コレステロールが少し高いのとストレスぐらいで、ほかは何も該当しなかった。結果、自分が狭心症になったとはどうしても納得がいかなかった。

しかし、よくよく考えてみれば、運動はしていたが、仕事は不規則だったし、脂っこい料理が好きで、肉料理を好んで食べ、食生活は不規則だった。

私は八事日赤で、仲間の手によって心臓バイパス手術を受けることになった。今まで麻酔科医として、同じ病気の手術やＩＣＵ管理を何百例と経験してきた。

決して安全な手術ではないし、狭心症で亡くなった患者さんも何人かいた。

私は手術までの数週間、憂鬱《ゆううつ》な日々を過ごさなければならなかった。

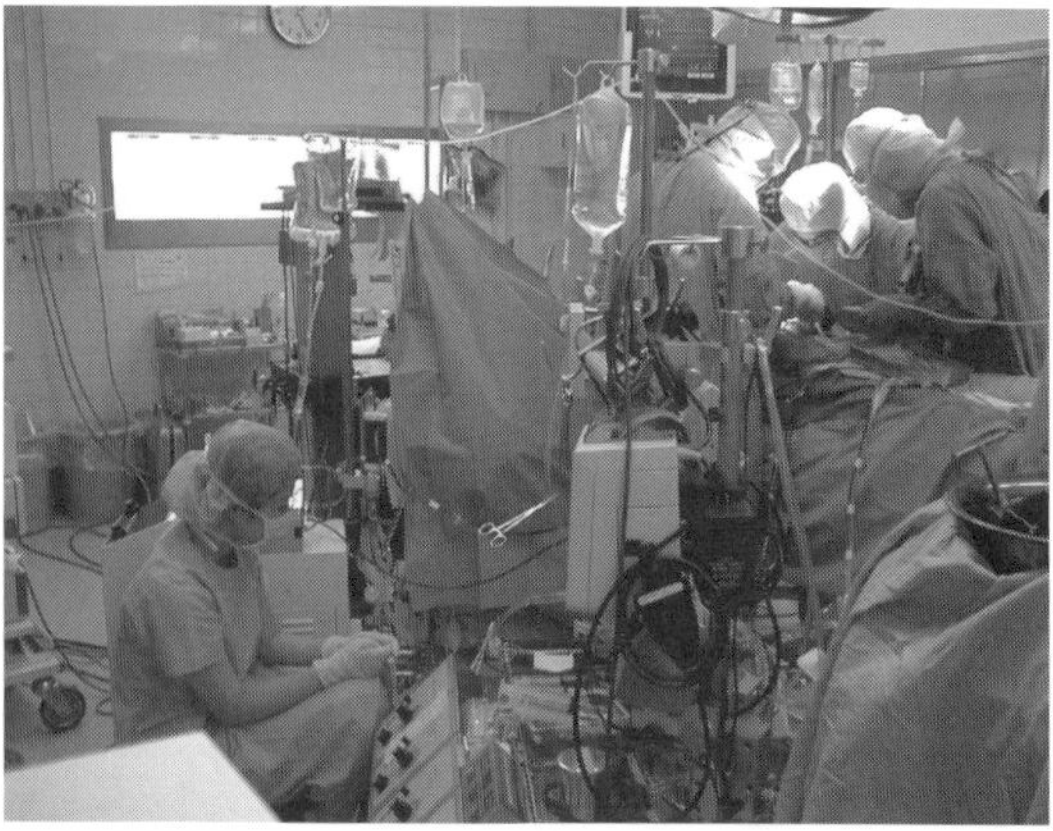

命に関わる心臓バイパス手術

床の間に飾っておいたテニスラケット

医学生の息子が手術に立ち会う

手術を受けるまでの間、不安を取り除くために考え出したことは、当時、医学部3年生だった息子の清猛を手術に立ち会わせることだった。

清猛には「お前も医者になるなら、勉強のために親の手術くらい見たらどうだ」と言ったが、本心は自分の不安を取り除くためだった。清猛は先生に頼んで大学の授業を抜け出して手術に立ち会ってくれた。

最初は手術を真剣に見ていたが、途中で血を見て気持ちが悪くなり、一度は手術室から退室し、しばらくして戻ってきた。清猛にとっては初めて見る手術で、それも親の心臓手術というのは、少し可哀そうだったかなと反省している。

清猛は医師になって循環器内科を専攻したが、この時の経験が影響しているのかもしれない。

手術中、通常では起こらない思わぬ出来事が起こった。電気メスで止血をしている時、心臓に電気メスの電流が流れ、マイクロショックで心臓が止まってしまったのだ。皆かなり慌てたらしいが、心臓マッサージと電気ショックで回復し、大事には至らなかった。医療には何が起こるか分からないことを身をもって体験した。

術後、ＩＣＵに入り、状態も安定したため、翌日、ＩＣＵから一般病棟に移ることになった。その時、看護師さんがいくら探しても暢子の姿が見当たらなかったという。

暢子はこれから私が入る一般病室に先回りしていて、ドアノブやテーブルを消毒薬で拭いていたのだ。私に院内感染が起こるのを心配しての行動だった。暢子は以前から院内感染のことをよく勉強していた。

幸い、術後合併症も起こらず２週間後には予定通り無事退院できた。

普段自分の働いている手術室やＩＣＵの居心地は、お世辞でもなく極めて良好だった。

死を考える大病を経験してわかったことは、健康の大切さ、いざという時の家族の大切さ、医者の見る目と患者の見る目の違い、患者の身になって考えることの大切さなど、たくさんあった。

手術後の私の生活は一変した。「医者の不養生」と言われないように心がけることにした。狭心症のリスクファクターの中で自分に当てはまったのは、コレステロール値くらいであったので食生活を改めることにした。暢子は図書館で借りた本でコレステロールのことを徹底的に勉強した。それ以後、肉料理は一切作らなくなり、コレステロールが少ない野菜や魚が中心となった。

また食事の時、何でも残さず食べる習慣の私に向かって、「食事がもったいないより、身体がもったいない。残せばいい」というのが口癖になった。

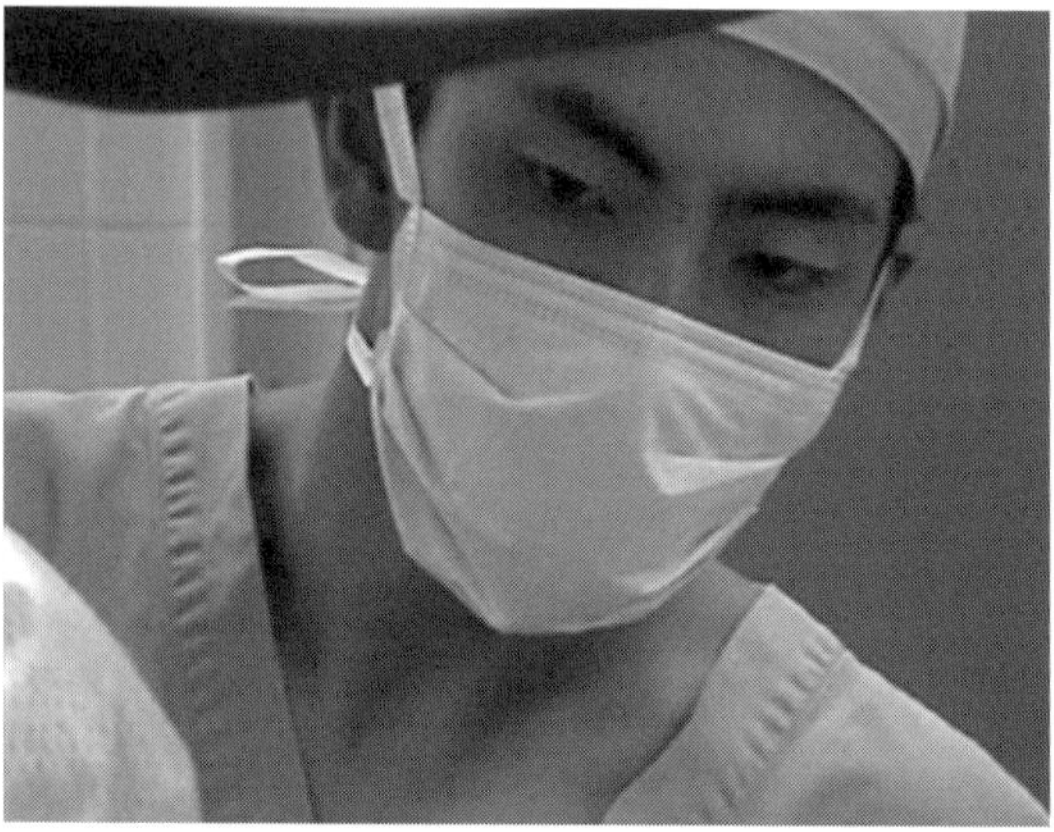

手術を真剣に見ていた清猛

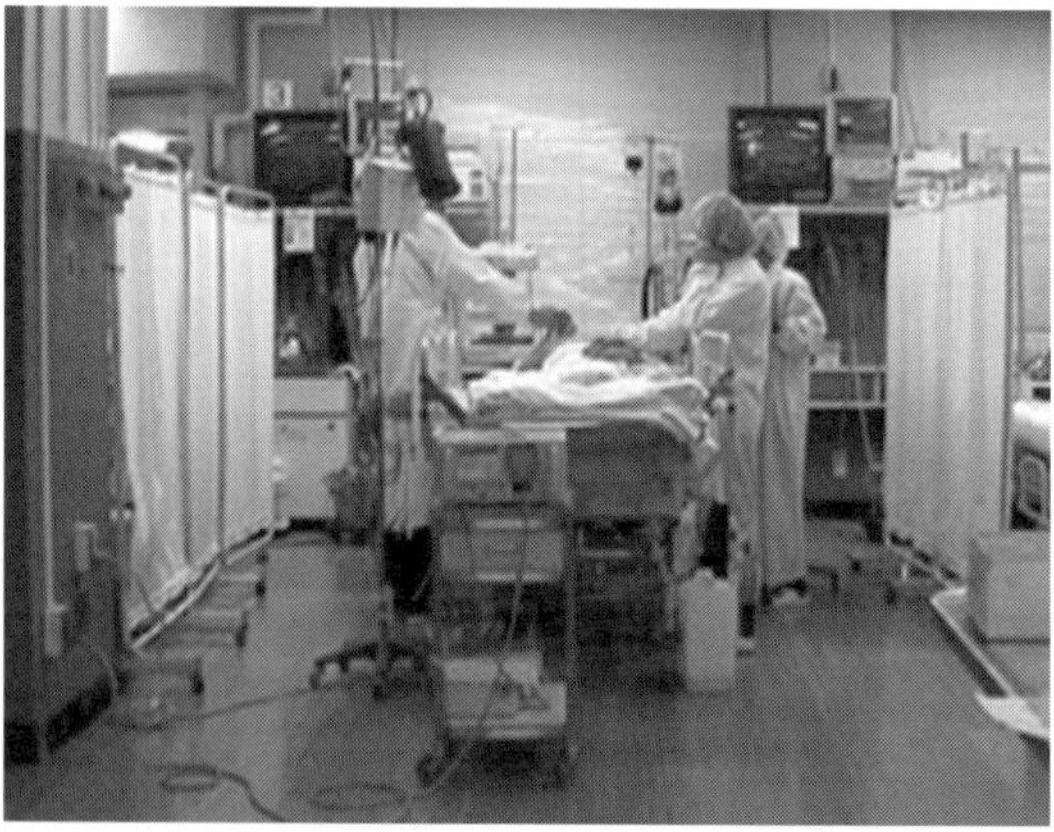

ＩＣＵで術後の筆者に面会する家族

医者が心臓病患者になって分かったこと

私は以前、岩田隆信著『医者が末期がん患者になってわかったこと』を読んだことがあった。この本は１９９８年に出版されてベストセラーとなり、テレビでもノンフィクション番組として放映された。

著者は私の旭丘高校時代の同級生で、彼は非常に優秀で慶応の医学部を卒業後、昭和大学脳神経外科助教授となり、脳のがんについては全国的に著名な脳外科医になった。

その彼自身が脳の末期がんにかかり、その闘病生活を記録したものだ。続編は彼が自分で書くことができなくなったため、奥さんが代わりに執筆した。

脳腫瘍との壮絶な戦いで、患者になって分かったこと、手術を受ける時の気持ちなど、医療をする側とされる側の意識の相違が描かれていた。

そこで、私も岩田先生の真似をして、「医者が心臓病患者になってわかったこと」「自分が患者になった時、どういう心境になるか」を知りたかったので記録に残すことにした。研修医の先生に頼んで入院から退院までの全経過をビデオ録画することにした。

私の場合は、岩田先生のように死に直面した、せっぱ詰まった状況ではなかったが、狭心症の診断で心臓バイパス手術を受ける患者としての気持ちはよく理解することができた。

患者の立場で見た手術・麻酔・ＩＣＵは、それまで麻酔科医として思っていたものとはかなり違っていた。例えば、心臓カテーテル検査中、医師同士のコソコソ話の声が聞こえ、その話の内容が非常に気にかかった。医師の言葉の一言ひとことがこれほど違って聞こえるのかと驚いた。

また、私の場合は、冠動脈の狭窄部位が特別で、治療法の判断が難しく、内科的か外科的か、非常に迷う状況だった。その時、一番頼りになったのは、ラグビー部の心臓外科医の親友で、親身になって相談に乗ってくれた。信頼できる医師を持つべきだとつくづく感じた。

手術の不安が募った時、その親友の「50歳の1枝だけのバイパス手術は盲腸のようなものだ」という言葉で、気分的にはかなり楽になった。何気ない言葉が患者に安心感を与えることを経験した。

医学部3年生だった息子を手術に立ち会わせたが、何もできない息子でも「ただいるだけで安心」になるという、素朴で単純な患者心理も体験した。

医師としてそれまでは気づかなかったことを自分自身で体験し、それ以後は対応のいくつかを改めた。録画した映像は医学生や看護学生の教育に活用している。

岩田隆信著「医者が末期がん患者になって分かったこと」

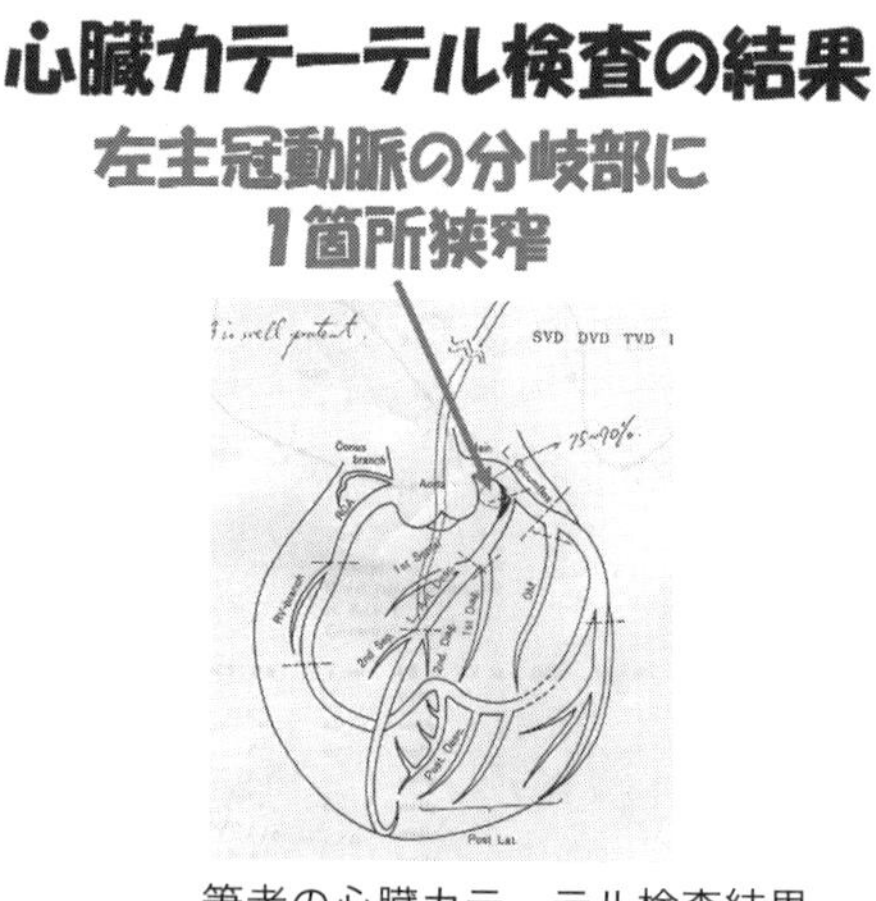

筆者の心臓カテーテル検査結果

第二章　災害救護と国際救援をやりがいに

班長として阪神淡路大震災被災地に

赤十字病院は、救急医療や僻地医療など地域に根ざした医療を提供するとともに、地震や台風などの災害時における救護活動や、海外での災害・紛争時における救援活動を行うことを大きな使命としている。

私は１９９４（平成６）年、八事日赤へ移ってから、国内の災害救護や国際救援に積極的に関わるようになった。それが、集中治療でのやりがいに加えて、医師としてのもうひとつのやりがいとなった。

災害医療を使命としている赤十字病院には、そのための訓練の機会が設けられている。私が八事日赤へ移った年に、洋上で遭難した人を救援する想定で洋上災害訓練が計画された。私は希望してその訓練に参加した。日常の医療とは異なる体験ではあったが、災害医療も医療従事者としてやりがいのある領域であると感じた。

そして、奇しくもその翌年、1995（平成7）年の1月17日、阪神淡路大震災が発生した。淡路島を震央とし、マグニチュード7・3の直下型地震で、神戸市周辺地域が被災を受け、死者6434人、負傷者約4万3800人の甚大な被害をもたらした。

当時、全国の赤十字病院には、約500の救護班が即時出動態勢にあった。救護班は医師を班長として、看護師3人、主事2人の計6人で構成され、派遣期間は原則3日間で、順次交代して継続的に派遣された。

実際の救護活動は災害が発生した被災県の支部が主体となり、そこを拠点として繰り広げられた。そして、近隣の支部や日赤本社が被災地支部を支援した。

発災直後より、近隣の赤十字病院から多くの救護班が派遣された。愛知県支部も八事日赤から救護班を派遣することになり、私は自ら希望して、第2班の班長として発災4日目の1月21日に出動することになった。当日の新聞は、発災3日目の状況を伝えており、「死者が3千人を超えた」と報じていた。

われわれの救護班は、名古屋から救急車で名神高速で大阪まで行き、そこからは一般道で神戸市内に入った。神戸市内に入ったところで高速道路の倒壊現場を目撃することになる。

テレビの映像や新聞の写真で被災地の様子は目にしていたが、その時に見た高速道路の倒壊現場は、テレビや新聞の映像とはまったく異なり、想像していた以上に凄まじいものであった。被災地の現実は自分で被災地に入らなければ分からないと強く感じた。

洋上災害訓練に参加(左から３人目が筆者)

高速道路の倒壊現場

被災者に涙を流して感謝された経験

実際に自分の目で見た阪神淡路大震災の被災地の現実は、想像していた以上に凄まじく、自然の脅威に対して人間はかくも弱くもろいものかと、打ち砕かれるような気持ちになった。

しかし、私が目にしたのは、そんな悲観的な光景ばかりではなかった。地震発生から4日目ともなれば、人々はただ打ちひしがれているわけではない。大阪の方に向かって大きな荷物をもって黙々と歩み続けている人たちがいた。

このような過酷な状況下にあっても、人間は生き抜いていこうとするものであり、また生き抜いていかなければならない。私はそのたくましい姿に心打たれると同時に、これが実際の被災地であり、被災地に来なければ現実は分からない、と実感した。

被災地の兵庫県支部は、支部と隣接した神戸日赤に災害対策本部を設営し、そこには南は九州から、北は関東まで多くの日赤の救護班が集結していた。この時、迅速かつ組織的に、全組織をあげて被災者救援に取り組んでいた赤十字という組織の素晴らしさを実感した。

各救護班は赤十字の救護活動の大原則である自己完結型の救護活動を行っていた。自己完結型救護とは、救護活動に携わる者は、被災地の人たちに一切負担をかけないということであり、寝袋や食料品、水、医薬品など、自分たちの生活や救護に必要ものはすべて持参することだった。

各救護班は、近くの体育館や救急車内で寝泊まりし、毎朝、災害対策本部に集まり、対策本部長から指示を受けて、市内の各救護所に割り振られ被災者の診療に当たった。われわれの救護班は、長田区の救護所で被災者の診療に当たった。

救護所で被災者の診療を行う中で、被災者の人たちから涙を流して感謝された経験は一生忘れることができない記憶となった。病院のＩＣＵでの患者さんやその家族からの感謝と同じように、医師として大きなやりがいであった。

私の経歴書には、専門医や指導医の資格、学会会長や評議員などさまざまな業績とともに、阪神淡路大震災の救護活動も記されている。たった３日間の救護活動ではあったが、今から人生を振り返ってみると、他の業績よりもはるかに大きな意味を持つ出来事となった。

この阪神淡路大震災での経験が、この後、自分が災害医療や国際救援に関わることになる原点になったと同時に、赤十字のすばらしさを実感し、それ以後、「赤十字大好き人間」になった。

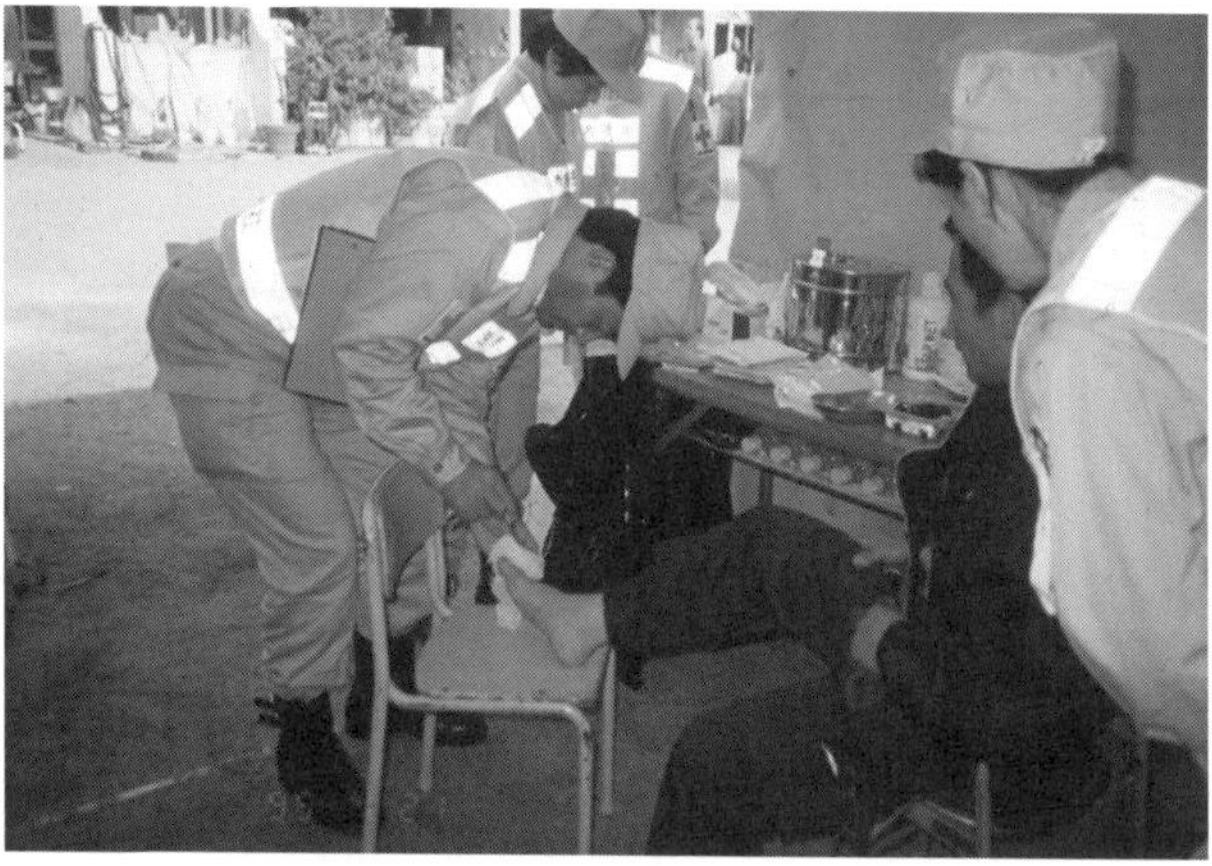

被災者から涙を流して感謝された経験
（被災者を診療する筆者）

体育館で寝泊まりした自己完結型救護活動

国際救援派遣要員として登録

阪神淡路大震災の救援活動で人生のやりがいを経験した私は、さらに、赤十字病院の大きな使命のひとつである国際救援にも参加してみたいと思うようになった。

阪神淡路大震災の翌年の1996（平成8）年、国際救援派遣のための登竜門となる日赤本社主宰の「国際救援のための研修会」に参加した。

講師はすべて外国人で、1週間の研修はすべて英語で行われ、現実に起きる出来事を想定して参加者が演技を繰り広げるロールプレーや、手でカレーを食べるといった異文化体験をするプログラムもあった。

併せて国際赤十字が制作したジョン・レノンのイマジンをバックグランドミュージックとする国際救援の映像を見て、非常に感銘を受けた。

私はこの研修に参加して国際救援派遣要員として登録された。若い頃から国際救援には関心があったので、「機会があればいつか派遣を」という気持ちであった。

しかし、念願の登録は実現したものの、その後は病院での麻酔科医としての業務で多忙な日々が続き、国際救援は遠い世界となった。

さらに1998（平成10）年の50歳の時、狭心症を発症し、思いもかけない心臓バイパス手術を受けることになった。

術後の経過は順調で、1カ月後には生活はまったく元の状態に戻った。しかし、心の底には「またいつか」という健康上の不安が残ったのは確かであった。

死を意識するほどの大病を経験し、自分の体力への自信が大きく揺らいでいき、厳しい環境下での国際救援という夢の実現は遠のいていくばかりだった。

そんな時、赤十字国際委員会（ＩＣＲＣ）からスーダン紛争犠牲者を救援するための麻酔科医募集の話があった。心臓バイパス手術を受けてから2年5カ月後の２０００（平成12）年、52歳の時だった。

この情報にふれた私は、心の中に埋もれたままになっていた夢が掘り起こされた。派遣を受け入れるかどうかは自分の意思次第であった。

心臓バイパス手術を受けてからまだ日が浅く体力的な不安がある中、医療体制が十分ではないアフリカで狭心症を再発したら、おそらく命は助からないだろうとか、３カ月間の過酷な任務に耐えられるだろうかとか、さんざん迷った揚げ句、「この時を逃したら一生、国際救援の機会はない」という気持ちと、暢子の「行って来たら」という背中を押される言葉で、行くことを決断した。

すべて英語で行われたロールプレー（右端が筆者）、
国際救援のための登竜門

感銘を受けた国際救援の映像

内戦続くスーダン国境へ

アフリカ最大の国家スーダン共和国は、宗教や民族の違い、さらには石油の利権などが絡んで、長年にわたって紛争が続き、歴史上もっとも非人道的な国と言われていた。

当時、国の南部を中心に政府軍と反政府勢力、さらには反政府勢力同士の紛争が続き、依然として南部および東部スーダンでは散発的な戦闘が報告されていた。

この国内紛争と干ばつによる食糧事情の悪化とで、当時、スーダン国内では150万人以上の難民がキャンプ生活を強いられているとされ、軍人、一般市民を含んだ紛争犠牲者の数は依然として減少しない状況にあった。

ICRCは、1969年から紛争による負傷者の救援活動を開始し、87年には、ケニア国内のスーダン国境沿いにあるロキチョキオに、紛争犠牲者のためのロピディン戦傷外科病院を開設して医療援助を続けていた。

私は、ＩＣＲＣの要請により、２０００（平成12）年10月から3カ月間、麻酔科医としてスーダン紛争犠牲者救援医療活動に参加することになった。

行くことを決断したものの危険な任務に出立する日が近づいてくるにつれて、家族の不安も大きくなった。私自身も不安であることに変わりはなく、暢子と子どもたちの写真やメッセージを入れた手帳を肌身離さず持っていくことにした。心細くなった時には、手帳を見て心を落ち着かせるつもりだった。

派遣に先立ち、病院では私のために正面玄関で出発式が催され、栗山院長先生からはなむけの言葉を頂いた。

10月12日、私が羽田空港から日本を発つ時、見送りに来た暢子と次女の恭子は泣いていた。

飛行機は生まれて初めてのビジネスクラスだったが、敵陣上陸前の心境で、とてもシャンパンやワインを飲んで豪華な気分を味わう気にはなれなかった。

翌13日、スイスのジュネーブにあるＩＣＲＣの本部を訪れ、派遣前のブリーフィングを受けた。

ここでは担当者から「ロキチョキオはゴールデン・プリズン（黄金の牢獄）だ」という謎めいた言葉を聞かされ、「いろいろな国からいろいろな人間が来ているので、現地での人間関係は難しい」「マラリアの予防薬は毎日飲め」「エイズの針刺し事故を起こしたらマニュアルに沿って薬を飲み、直ちに帰国せよ」などと散々脅された挙句に渡されたのは、カバンいっぱいの薬だった。

本来、ファースト・ミッションの派遣員に対してのブリーフィングは、なるべく安心させるようにというのが目的であったのに、かえって不安を掻き立てられた。

病院正面玄関で開催された出発式で
栗山院長先生からはなむけの言葉

ジュネーブのＩＣＲＣ本部で行われた
ブリーフィング

「命の選別」目の当たりに

私が勤務することになったスーダン国境沿いにある赤十字ロピディン戦傷外科病院（ケニア）は、ベッド数560床で、二つの手術室、ICU、術後病棟、10の病棟などを整え、各国の赤十字社から派遣されてきた18人の医療関係者と約180人の現地スタッフが勤務していた。病院の門には銃を持ったガードマンがいて、一般住民は入れないようになっていた。

各国からの派遣員は、3カ月から1年の契約で交代していくため、治療方針には一定の基準が必要となり、すべてのスタッフが従うべきガイドラインが定められていた。これは治療の一貫性を保つために不可欠で、現地スタッフはその一貫性を維持する重要な役割を担っていた。

この病院は、2015年3月に公開となった原作さだまさし氏、主演大沢たかお氏の映画「風に立つライオン」の舞台になった病院だった。映画制作時にはこの病院はなくなっていたため、映画の撮影をするに当たっては、プロデューサーが私の所へもやって来て、写真などを借りていった。

毎日、スーダンから十数人の患者が飛行機で搬送されてくるのに加え、ロキチョキオ近郊からも重症の患者が運ばれてきた。

スーダンから搬送されてくるのは、ほとんどが銃で撃たれた兵士だが、飛行距離が長く、患者の搬送には天候やスーダン側の飛行許可など、さまざまな条件や制約が付きまとうので、病院へ到着した時には、負傷してからすでに何日も経過していることがほとんどだった。

私はその搬送用の飛行機に乗って、一度スーダン国内へ行った。そこでは厳しい「命の選別」が行われていた。

通常、フライングナースという若い看護師の任務だが、彼女らは滑走路の横に集められている患者の中から、助かる見込みのある患者だけを選んで連れてくるのだ。選ばれなかった患者はそこで死を待つことになる。

スーダン国内で治療を受けることなく亡くなっていく患者数を推し測ることはできないが、おそらくは相当の数にのぼると思われた。

患者搬送の飛行機の中は大変な状態だった。患者は負傷してから何日も経過しているため、傷口が腐り、ものすごい悪臭が充満する中で、患者ケアをしながら搬送しなければならなかった。若い看護師にとっては非常に過酷な勤務だった。

患者はロキチョキオの空港からトラックで病院まで搬送され、トリアージがなされた後、緊急度に応じて順次手術が行われた。

ロピディン戦傷外科病院の門

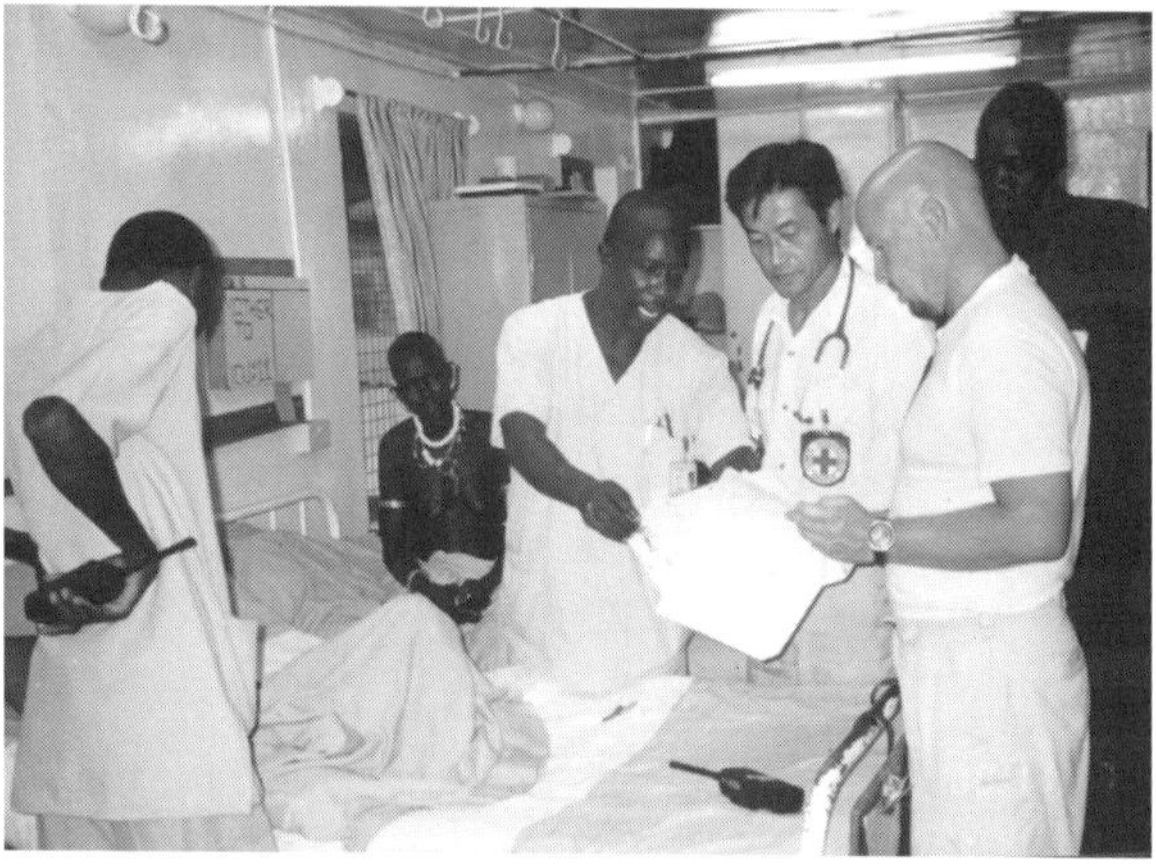

ロピディン戦傷外科病院 ICU での診療

異なる命の価値

私の麻酔科医としての仕事は、手術中の麻酔管理、ローカルスタッフの教育、術後患者管理などであった。限られた薬しかなく、モニターや検査も十分できない状況で、麻酔・集中治療を担当せねばならなかった。

最初は戸惑ったが、やっていることは基本的なことで、ここでの原則「Simple and safe」を実行すればよく、さほど難しくはなかった。

戦傷外科病院では、日本の病院のように完璧な医療をするのではなく、「基本的な医療」「その地域で一般的とされる医療」を施すこととし、限られた患者だけを治療するのではなく、「できるだけ多くの患者に、できる限り最善の医療を行うこと」を方針としていた。

この医療は災害医療に通じるもので、ここでの経験がもし日本に帰ってから役に立つとしたら、大規模災害時の時くらいかと思った。

麻酔・集中治療については、ＩＣＵに酸素はあるが人工呼吸器は置いてなかった。人工呼吸器が置いてないのはそれが使えないからではなく、わざと置いてなかった。人工呼吸が必要になる患者は、他にも高度な医療が必要になるとの理由で、患者のカットオフポイントとして置いていないのだった。

限られた薬剤や必要最低限の医療機器しかないため、日本の医療を受ければ助かると思われた患者が何人かいた。

この方針に従って医療を行う中で、「スーダン人の命の価値と日本人の命の価値の違い」「ここでは患者が文句を言う機会もなく、医療過誤という問題もない」「スーダンの患者は、どういう思いでわれわれを見ているのだろうか」など、次々に疑問がわいてきた。

また、スーダン人の診療を行って驚いたことは、スーダン人は痛みに対して本当に強いということだった。手術の際に行う点滴で、私が得意なはずの点滴を何度か失敗しても、まったく痛みを感じない様子だった。

それほど痛みに強いスーダン人が、一度だけ涙を流す場面があった。

足の傷の腐敗が進んで、脚を切断しなければならない患者が、手術直前になって「脚を切りたくない。切ったら野原を走れなくなる。走れなくなるのなら死んだほうがいい」と言って泣いていた。

その患者は最初納得せず、手術を諦めたが、後日、足の腐敗が進んで痛みが増してきたのと、脚を切断したほかの患者が義足をつけて走っているのを見て、自分も脚を切っても走れることを知り、納得して手術を受けた。

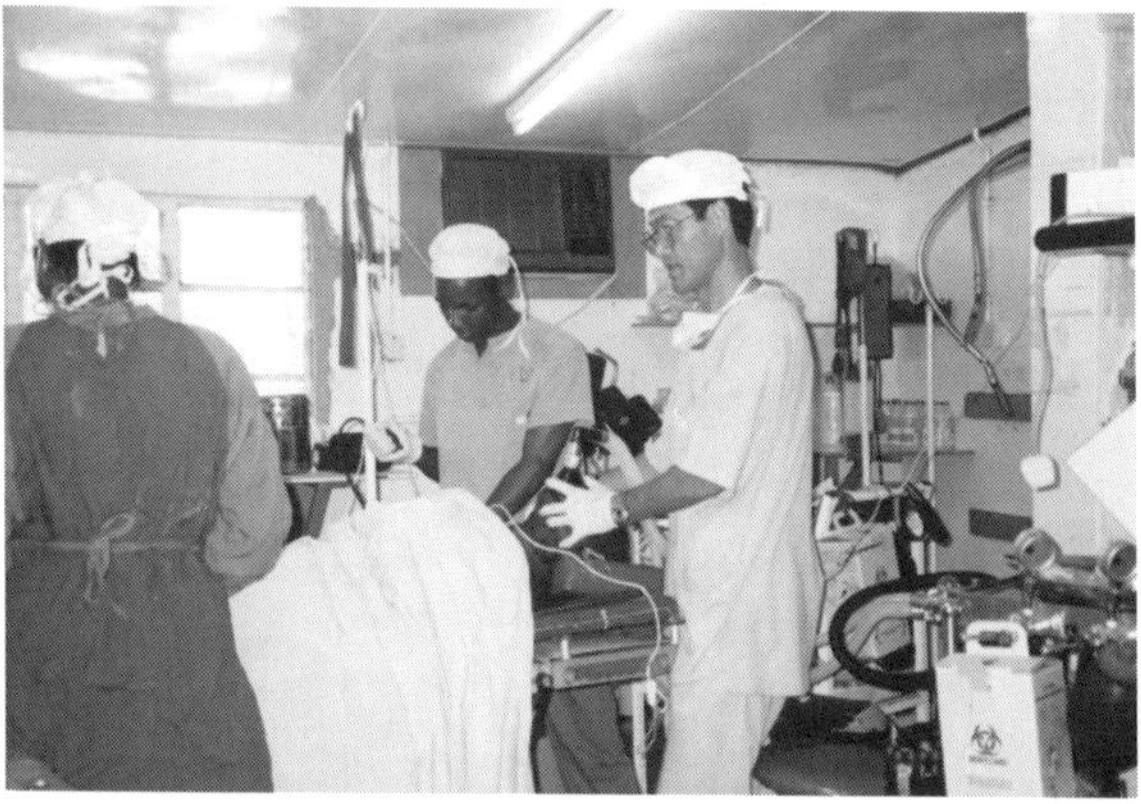

限られた薬剤や必要最小限の医療機器のみで行われる医療

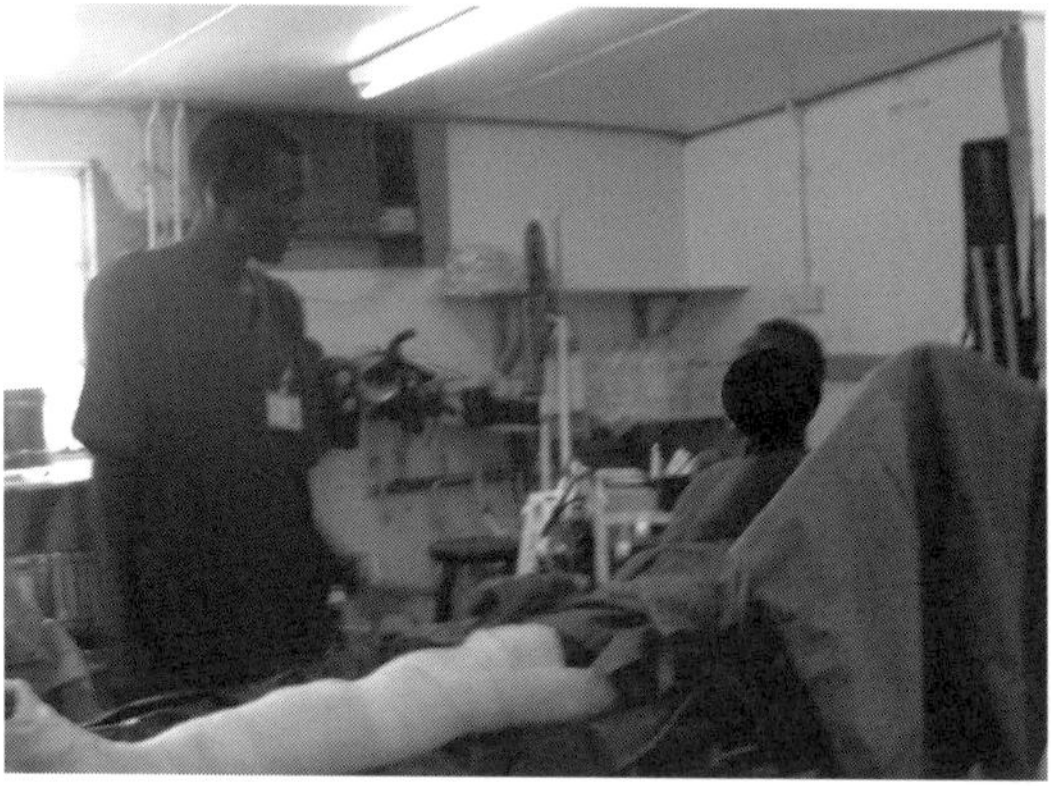

スーダン兵士が一度だけ涙を流した場面

まさに「ゴールデン・プリズン(黄金の牢獄)」

毎日、病院での仕事が終わると、金網に囲まれたコンパウンド（居住区）へ戻った。そこには、いろいろな国からの派遣員が50人ほど住んでいた。

NGOの中には命がけの仕事をしている人もいるが、赤十字はセキュリティが第一で、自分の身の危険を冒したり、自分を犠牲にしてまで活動を行わないことを原則としている。ロピディン病院もコンパウンドもセキュリティはしっかりしていた。

ロキチョキオに到着したその日の夜、金網を破ってコンパウンド内に賊が押し入り、パイロットに銃を突きつけて金品を奪う事件が起きた。その事件後はガードが厳しくなり、夜間は銃を持ったガードマンがコンパウンド内を巡回するようになり、夜間の歩行での外出は禁止となった。私自身、身の危険を感じるようなことはなかったが、深夜に銃声が聞こえてくることがしばしばあった。

コンパウンドでの食事は、3食ともカフェテリア方式で、現地のコックが料理を作ってくれるので、フルコースの料理を楽しむことができたし、ビールもワインも購入すれば自由に飲むことができた。時折、アフリカ独特のワニの肉等が出たこともあった。

派遣員は一人ひとりそれぞれバンガローの個室が与えられ、寝る所もしっかりしていた。部屋の掃除は掃除婦が毎日してくれるし、シーツも整え、朝に出した洗濯物は夕方には洗ってアイロンをかけてくれていた。

まさに至れり尽くせりであり、快適な生活を営むことができた。しかし、最初はおいしいと思った食事も、脂っこいのと、同じメニューが1週間おきに繰り返し出されるので、3週目にはあきてしまった。脂が合わないのか、あるいは暑さのせいなのか、下痢をして食事ができないことが何度かあった。

また、毎日の生活は金網に囲まれたコンパウンドと病院のみであり、ここで暮らす派遣員にとって、休日などの自由時間の過ごし方は、読書、ビデオ・テレビ鑑賞、テニスなどに限られていた。

私はテニスコートがあることを事前に知っていたので、ストレス解消のために、テニス道具一式を送っていたが、この判断は正解だった。何人かのテニス仲間に恵まれたので、ストレス解消に役立った。

しかし、テニスができる時間帯は、朝夕の日が昇らないほんの短い時間だけだった。一度、オランダ人のスタッフと日中40度の下でテニスをしたことがあったが、本当に死にそうになった。

まさに、恵まれてはいるが自由を奪われた生活であり、ジュネーブのブリーフィングで聞いた「ロキチョキオはゴールデン・プリズン」という謎めいた言葉の意味を理解することができた。

現地のコック(左)とカフェテリアの料理

ストレス解消に役立ったテニス(左端が筆者)

派遣中のストレス

それにしても、赤道直下に位置するロキチョキオの熱さにはこたえた。日中の平均気温は35度で、日なたでは40度以上にもなり、何かを考えたり、何かをする気にはまったくなれなかった。

カフェテリアで昼食を終えて、自分のバンガローまでの50メートルほどの日なたを歩くのさえ億劫《おっくう》だった。午後の自由時間は扇風機をつけてベッドの上でいつも横になっていた。

他の派遣員もみな、昼食後から午後3時くらいまではシエスタと言って休息を取っていた。日本にいる時のように日中も働いていたら、それこそ寿命を縮めることになる。

ところが、現地のツルカナ族はそんな灼熱《しゃくねつ》の中でも、平気で長距離を歩いており、本当に暑さに強い人たちだと感心した。

私は3カ月間の派遣で7キロやせたが、決して病気を患ったわけではなく、暑さのせいで食事を食べる気がせず、自然と減量した形となった。

派遣中に感じたストレスは、耐え難い暑さのほかにもいくつかあった。日本人は私のほかに誰もいない、現地スタッフや各国派遣員とは英語しか通じない、1日置きに緊急呼び出しのオンコールがある、休みは日曜日のみ、十分な医療設備がない所で麻酔・集中治療をしなければならない、コンパウンドと病院以外はどこにも行けない、マラリア、エイズ、エボラなどの病気が蔓延《まんえん》しているなど、非常にストレスの多い毎日だった。

災害救護には「善意だけでは災害救護はできない」という言葉がある。いくら善意や熱意があっても、十分に訓練された技術や能力がなければ、災害の現場では邪魔になるばかりで、真の災害救護はできないという意味だ。

私もロキチョキオでのミッションを経験して、同じように「熱意や善意だけではミッションはできない」と思った。

限られた期間で有意義なミッションを遂行するためには、十分に準備したうえで臨む必要がある。基本的な麻酔の技術や戦傷外科の基本などは事前に習得しておく必要がある。

各国の派遣員や現地スタッフとの良好なコミュニケーション力や語学力が身についていなければならない。ヨーロッパから来ていた派遣員の何人かは、英語・ドイツ語・フランス語の3か国語を自由に話すことができて、同じ話題を相手に応じて瞬時に言葉を変えて話すことができるのには驚いた。

炎天下で長時間平気で歩くツルカナ族

食堂からバンガローまでの
50メートルを歩くのが億劫な暑さ

大変であったが楽しかった

確かに大変な日々であったが、有意義な貴重な経験ができたし、楽しいこともたくさんあった。ひと言で言えば「大変であったが楽しかった」というのが全体の印象だ。

とりわけ印象に残っているのは、いろいろな国からの派遣員や現地スタッフと楽しい時を過ごせたことと、多くの友人ができたことだ。

患者であるスーダン人は、見た目は怖い顔をしているが、人なつっこく、愛想が良くて、とても人を殺しあっている兵士とは思えなかった。

英語を話せる兵士が何人かいてよく話す機会があった。彼らは位が高い兵士と思われるが、彼らからスーダン国内での紛争の状況は聞き出すことができず、心の奥まで入り込むことはできなかった。

彼らの考え方は日本人とは異なり、習慣や考え方の違いを知るのはおもしろかった。病院にいくといつも気さくに寄ってきて何かを欲しがった。二人の兵士に私が着ていたシャツをあげたら、二人は喜んで着ていた。

派遣員は、毎日の生活が単調な繰り返しだったため、何かことあるごとにパーティーを開き、みんなで楽しもうという雰囲気があった。特に、ヨーロッパから来ている連中はそういう傾向が強かった。

10人くらい集まるパーティーはいろいろな機会に企画され、個人のバンガローの庭先でワインやつまみを持ち寄って、会話やダンスを楽しんでいた。

年末には2グループに分かれて、ツルカナ湖への1泊2日の旅行が催された。移動には赤十字の患者搬送用の飛行機を使用し、パイロットを含めて約20人が参加した。自分たちだけの専用飛行機なので、誰もが億万長者の気分を味わった。

パイロットのサービスで湖の周りを遊覧飛行もあった。私はツルカナ湖で魚釣りをして何と50キロのナイルパーチを釣り上げた。こんなでっかい魚を釣ったのは生まれて始めてで、これがミッションの最高の思い出となった。

この旅行は楽しく生涯忘れられないものとなったが、旅行から帰った翌日からほとんどの連中が食中毒症状を起こし、その後1週間以上にわたってみな体調が悪かった。

現地のスタッフとも仲良くなり、家庭を訪問して、友好を深めることもあった。日本に比べれば、やはり暮らしは非常に貧しかった。

われわれ日本人に理解し難いのは、一夫多妻という習慣だった。普段住んでいる家から少し離れた家に別の妻と子どもが住んでおり、妻同士、お互いは感知せずという態度で、かい性さえあれば何人でも妻が持てるのだ。

ツルカナ湖で釣った５０キロのナイルパーチ

スーダン兵士との交流
筆者があげたシャツを喜んで着ていた兵士

ミッションを終えて帰国の途中

私がミッションを終了する時期と外科医のダニエル他3人のスタッフがミッションを終了する時期とが重なった。そのため4人のために大掛かりな送別会が企画された。

コンパウンド内のスタッフ以外に、地元の多くの部族の人たちも招待され、民族衣装を着飾って歌や踊りを披露してくれた。一生の思い出に残る送別会となった。

ミッションの最後に、暢子が一人でロキチョキオまでやって来た。ナイロビまでは観光ルートで比較的スムーズに来ることができるが、そこから先はまともな観光ルートがなく治安もよくない。そこを暢子は一人でやって来た。暢子のたくましさに感心した。

ミッションの最後の3日間をロキチョキオで暢子と2人で過ごした。コンパウド内は派遣員以外宿泊できない規則があるので、ロキチョキオにあるホテルに宿泊した。ホテルといっても土蔵でできた粗末な建物だ。

そして、日本に帰国する途中、暢子と二人でアフリカを観光して帰ることにした。サファァリパークとアフリカのリゾート地を訪れ、アフリカ旅行を楽しんだ。壮大なアフリカ、自然の中にいるキリンや象やライオンなどの動物との出会いがあって、この時アフリカの魅力に取りつかれた。もう一度行きたいところと言えば間違いなくアフリカだ。

帰国に当たっては、再度スイスジュネーブでのデブリーフィングがあった。ブリーフィングのときと同じスタッフにロキチョキオでのミッションについて良い経験であったことを報告した。

デブリーフィングを終えてからダニエルのスイスの自宅を訪問した。彼とは

ミッションを終えて帰国の途中

3カ月間同じ外科チームの一員として活動していたので、仕事が終わるといつもビールを一緒に飲んで色々な話をして、気心が知れた友人となった。

彼の奥さんは国際救援で知り合った看護師だった。時々、同じミッションに出ることもあるという。後になって当院で開催された国際医療救援部企画の研修会に経験豊かなダニエル夫婦を講師として招待したことがあった。

終わることのないスーダンの紛争は、平和な日本にいてはとても想像ができない世界であった。国際救援に行きたい意志があっても、実際にこういった活動に参加するのは非常に難しく、赤十字病院にいなければこの機会はなかった。

3カ月という非常に短い期間ではあったが、若い頃からの国際救援に対する熱い思いを実現できたことは、私自身にとって非常に幸運であった。この経験を若い人たちに伝えることが私の重要な使命だと思っている。

ロキチョキオまで1人でやってきた暢子

アフリカのサファリパークで暢子と乾杯

副院長兼救急救命センター長として

２００１（平成13）年1月、３カ月間のスーダン紛争犠牲者救援活動を終えて帰国した時、私を待っていたのは八事日赤の副院長兼救命救急センター長のポストだった。

救命救急センター長の任務は、救急医療と災害医療の責任者としての役割を果たすことだ。いずれも当院の歴史と伝統のひとつであり、ちょうどこの年の6月、救命救急センターと災害拠点病院の両機能を充実した「21世紀型新救命救急センター」がオープンした。

設計から竣工まで6年の年月を経て、総工費１６８億円をかけて建設したもので、地上6階・地下2階の建物に、救急集中治療部門を集約化し、最新の医療設備を配備して、救急集中治療の機能を充実させた。

私はその設計に当初から関り、特に目玉となったＩＣＵは、当時、日本初の完全個室で陰圧システムまで備えた最先端のＩＣＵと言われた。設計に当たってはトロント大学留学での経験が大いに役に立った。

私の救命救急センター長としての任務は、病院の発展に極めて重要だった。年々増加する救急患者に対応するためには、施設設備のハード面だけでなく、救急体制などソフト面の充実が不可欠であり、全職員に救急医療の基本理念を周知徹底し、救急体制の充実を図った。

その理念は「全科参加型救急医療体制」で、全科の医師が救急に関与し、救急医は各診療科医師との密接な連携のもとに、共同して診療に当たり、各診療科の専門的な最先端の医療を救急医療に反映する高度救急医療を実践することであった。

特に、救命救急センターの使命として、すべての救急患者を受け入れ、どんな時でも決して断らない方針を徹底した。

その結果、年間救急患者数４万６千人以上、年間救急車搬送数７千件以上の実績を有し、国内でもトップレベルの救急施設となり、名実ともに「救急の八事日赤」と称されるようになった。

また、地域住民の生命を守る災害拠点病院としての機能については、阪神淡路大震災の教訓を生かして、どんな地震にも耐えられる耐震強度を備えており、災害時でも最後の砦として高度な医療を継続して提供できる重要な拠点となった。

災害拠点病院としてのソフト面での充実を図るため、毎年、定期的に南海トラフ地震を想定した災害訓練を実施した。災害医療についてもこの地域のリーダーとしての役割を担っていた。

「21世紀型新救命救急センター」が2001年にオープン

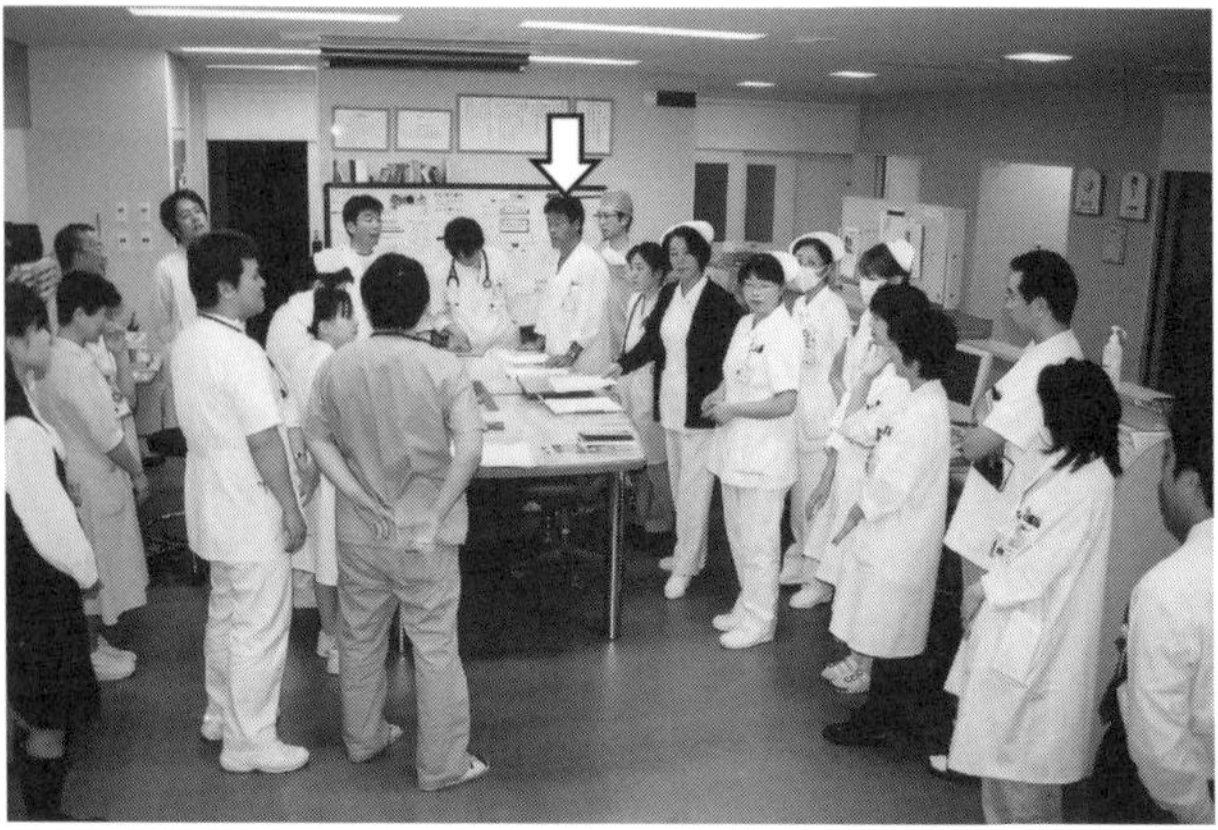

救命救急センターでの申し送り風景(中央が筆者)

イラン南東部地震被災者救援

２００３（平成15）年12月26日に発生したイラン南東部地震は、イラン南東部のバム市近郊を震央とし、マグニチュード６・５の直下型地震で、バム市とその周辺の地域が甚大な被害を被った。

ほとんどの家が日干しれんがで造られていたため、バム市内の80〜90％の建物が倒壊して壊滅状態となり、死者は４万２千人に達した。２０００年の歴史を持つ歴史的な遺跡で、世界遺産に登録されている古代の城砦アルゲバムは、石ころの山と化していた。

この地震による被災者の医療救援活動を行うため、日赤は地震発生直後にＥＲＵ（緊急対応ユニット）を発動した。

ＥＲＵとは国際医療救援を使命とする赤十字が、大規模災害時に迅速に対応するため、各国赤十字社に整備している緊急出動可能な専門家チームおよび資機材の総称である。

病院機能を有するＥＲＵ、診療所機能を有するＥＲＵなどがあり、被災地ではそれらが一体となって、国際赤十字連盟の傘下で救援活動を展開する。

日赤は診療所機能を有するＥＲＵを保有しており、テント、医薬品、食料品など総重量7トンの装備で、簡単な手術や保健医療の領域で援助することを目的としている。

日赤ＥＲＵの使命は、連盟と連携を取り、ＥＲＵ派遣国の一員として、ノルウェー、フィンランド、スペインなど各国赤十字とともに、バムの崩壊した医療の補完機能を果たすことであった。

私はこの日赤ＥＲＵ初動班の12人の一員として、12月28日に日本を出発した。現地入りしたのは地震発生から4日目で、厳冬下のバム市であった。

初動班には救護所の選定・設営、被災状況の把握、現地での交渉など、救護所立ち上げまでの極めて難しい任務がある。予定通りに機材が届かないことや、現地との交渉がうまくいかないなどの難題を乗り越えていかなければならない。大変な分、やりがいのある任務だった。

ＥＲＵ機材の到着によりＥＲＵ診療所での本格的な診療活動を開始できたのは、地震発生から1週間後であった。

初動班のメンバーはここで3週間、ＥＲＵ診療所で崩壊したバムの地域医療の代行として負傷者の治療、母子保健支援、こころのケアなどを行った。また、被災者キャンプへの巡回診療も行った。

特に、地元ボランティアの発案で始まったこころのケアは、女性だけで集いコーランを拠り所として話し合いを行うという形で行われたが、イスラム文化に立脚した新しい手法として注目された。

イラン南東部地震での日赤ERU診療活動

2003年

イラン南東部地震被災者救援活動

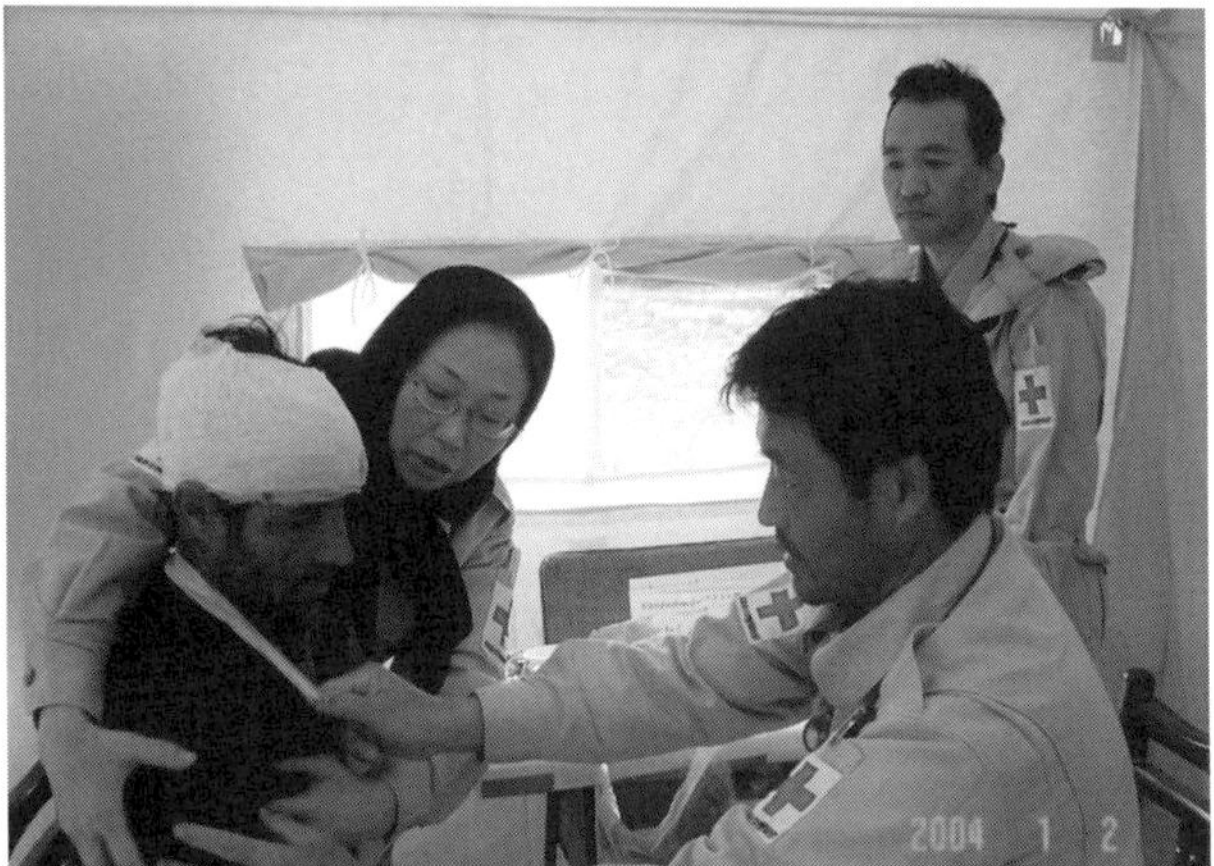

日赤ＥＲＵ診療所での診療

素晴らしい海外の災害対応

イランは世界でも有数の地震国で、１９９０年にも約3万5千人の死者を出した大地震があった。そのため災害対策には万全の体制が出来上がっており、その中心的な役割を担っていたのが「イラン赤新月社」であった。イスラム教国では、宗教的な理由から十字を使うのを嫌うため、赤新月社という。

イラン赤新月社は全国に7千人の職員と２２０万人のボランティア、救急車、レスキュー用重機など計3千台の車輌、ヘリコプター、捜索犬も保有し、災害発生時には救援活動の中心的存在となっている。

イラン南東部地震では、発災直後から救護班の派遣、救命重機などの投入に加え、1万人以上の医療救護員を動員し、診療所で4万人以上を診療した。がれきから負傷者を救出して各地の病院に搬送し、4万人以上の死者の埋葬を行い、テント、毛布、食糧などの配給も行った。イランの災害対応の素晴らしさに感心した。

また、現地で驚いたのは、私たちが到着した日に、救援活動を終えて帰国したウクライナのグループのことだ。

医師や看護師、救急隊、救助犬など、総勢50人のグループで、彼らは地震発生の当日、軍隊の飛行機で現地に入り、地震発生直後の3日3晩、超急性期の医療救護活動を終えて帰国するところだった。

ウクライナのような国に、どうしてこのような迅速な救援活動ができたのか。それは、戦争などの紛争が長く続いたからだ。平和な国日本の災害救護のレベルは、非常に遅れていると実感した。

各国赤十字のチームは、国際赤十字連盟の傘下で、お互い情報交換を行うとともに一体となって救援活動を行っていた。ここでも赤十字の連携、歴史と伝統の上に出来上がった国際赤十字組織の素晴らしさが印象的だった。

われわれ初動班は約3週間にわたり現地で救援活動を行い、第2班に引き継ぎ、帰国した。現地の医療が復興するにはかなりの時間を要すると予想され、日赤は3カ月間、救援活動を継続した。

現地の状況が落ち着きを見せ始めた3月下旬、イラン人スタッフが引き続き診療活動を継続できるように、ERU資機材をすべて引き渡して救援活動を終了した。

一般的に地震災害では発災後の時間経過とともに必要とされるニーズが変化し、適切な救護活動を迅速に展開する必要がある。また、さまざまな組織が活動するため効率的な救護活動を行なうには各組織間の連携と調整が不可欠となる。そのような観点に立っても日赤ERUの活動は有意義であった。

イラン赤新月社の救護活動

われわれが到着した日に帰国したウクライナのチーム

スマトラ島沖地震・津波被災者救援

２００４（平成16）年12月26日に発生したインドネシアのスマトラ島沖地震・津波は、マグニチュード９・０の巨大地震で、当時、観測史上４番目の大地震、津波被害は史上最悪と言われた。死者は世界中で22万人にのぼった。

日赤は、震源地に近いムラボで救援活動を行うことになり、私は第２班のチームリーダーとして年明けに現地入りし、約４週間にわたって活動した。避難民キャンプでの診療と、津波で幹線道路が寸断し、孤立した地域に医療を提供する巡回診療を行った。

初めてチームリーダーを担当したが、良い経験となった。活動をする中で、現地スタッフや他のチームとの交渉はなかなか思い通りにいかなかった。国際救援では予定通りに行かないのが当たり前ということを学んだ。

この地震で問題になったのは、住民の津波に関する知識の欠如だった。ムラボ在住の通訳も「地震直後、海の方に波が来るのが見えたので、自分は子ども2人をバイクに乗せて一目散で山の方に逃げた。しかし、津波のことを知らなかった村人は逃げなかったのでみんな亡くなった」と話していた。

こうした教訓は、2011（平成23）年の東日本大震災の時に日本でも語られ、私はスマトラ島で見たのとまったく同じ光景を目撃することになる。

スマトラ島での救援活動で学んだことはほかにもいくつかあった。

発災後、WHO（世界保健機関）が「津波被害者に対する水や衛生面の対策を十分に行わなければ、感染症で15万人が死亡する危険性がある」との緊急アピールを出し、現地の人や救援の人たちは震え上がった。

しかし、感染症はまったく起こらなかった。早い時期から、赤十字をはじめとする多くの組織が清潔な水を供給していたからだ。この経験は、衛生状態を良くしておけば感染症は起こらないという教訓を示してくれた。

イランの時もそうだったが、スマトラ島の救援活動でも「ボランティアの存在はなくてはならない」という光景を見せつけられた。

インドネシアにおける赤十字ボランティアの活動は、インドネシア国内から集まった学生を中心に、遺体収集作業が行われていた。非常に過酷な状況下での連日の献身的な活動には、目を見張るものがあった。

被災地の人たちの話を聞いたり、実際の被災現場を見ることによって、津波の恐ろしさ、凄まじさ、津波災害の現実をこの身で体験することができた。このことはその後の災害医療を考える上で非常に有益であった。

後に東日本大震災で見ることになる光景が広がっていた

全国から集まった学生ボランティアの救護活動

第三章　院長としてのやりがい

院長としての「やりがい」

２００７（平成19）年、院長の柳務《つとむ》先生が定年を迎えられ、その後任として私が院長に就任した。この時、それまでの人生を振り返り、転機となる節目ごとに運命というか、何か巡り合せのようなものを感じていた。

名市大ではトロント大学留学から帰国した時に名市大病院集中治療部助教授のポストが、八事日赤ではスーダン紛争被災者救援活動から帰国した時に八事日赤副院長のポストが待っていた。

院長に就任した時も、本来、院長に就任すべき別の副院長がおられたが、その方ががんで亡くなられ、私が拝命することになったのだ。

院長という役職は極めて重責であり、私は「選ばれたからには全力で取り組み、1年1年を確実にこなしていく姿勢で頑張る」との覚悟を固めた。そのため自分のやりがいとしていたこともある程度犠牲にする必要があった。

院長就任を機に、それまで維持してきた麻酔、集中治療、救急医療などの専門医や指導医、さらには学会の理事、評議員などの役職、資格を全て放棄することにした。そして、何の資格もないただの「Paper Doctor」になった。

通常、院長になってもこれらの資格や役職を放棄する人はほとんどいない。院長退任後に再び医療の現場に復帰できるからだ。

しかし、私の専門の麻酔、集中医療、救急医療の領域は、技術の進歩が著しく、体力が求められる仕事なので、定年退職後に再び復帰できるとは思えなかった。

放棄するに当たって一番の心残りは、麻酔、集中治療、救急医療などの自分の専門とする医療の領域で、患者さんの診療に直接関わることができなくなることで、医者としてのやりがいを失うことだった。

しかし、実際に診療ができないただの「Paper Doctor」になっても、以前とまったく変わらないやりがいを感じることができることを知った。

院長として患者さんの病室を訪れ、患者さんや家族に言葉をかけることだけで、「院長先生にわざわざ病室に来ていただいて」などと、感謝される機会が多くなり、以前と同じレベルのやりがいを感じることができた。

実際に診療に携わらなくても、思いもかけず「院長というポジション」が患者さんや家族の心の支えになっているようだ。

「専門医としてのやりがい」とは別に、私は「院長としてのやりがい」を発見することができた。それ以後、患者さんの病室を訪問することを院長の日常の業務の一つとした。

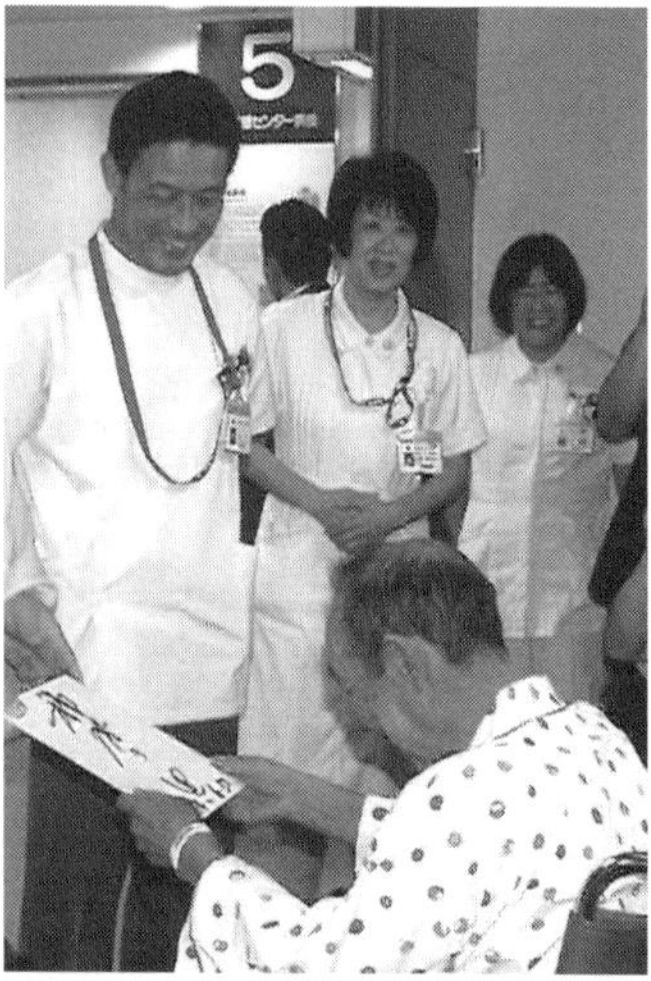

患者訪室が院長としての日常業務に

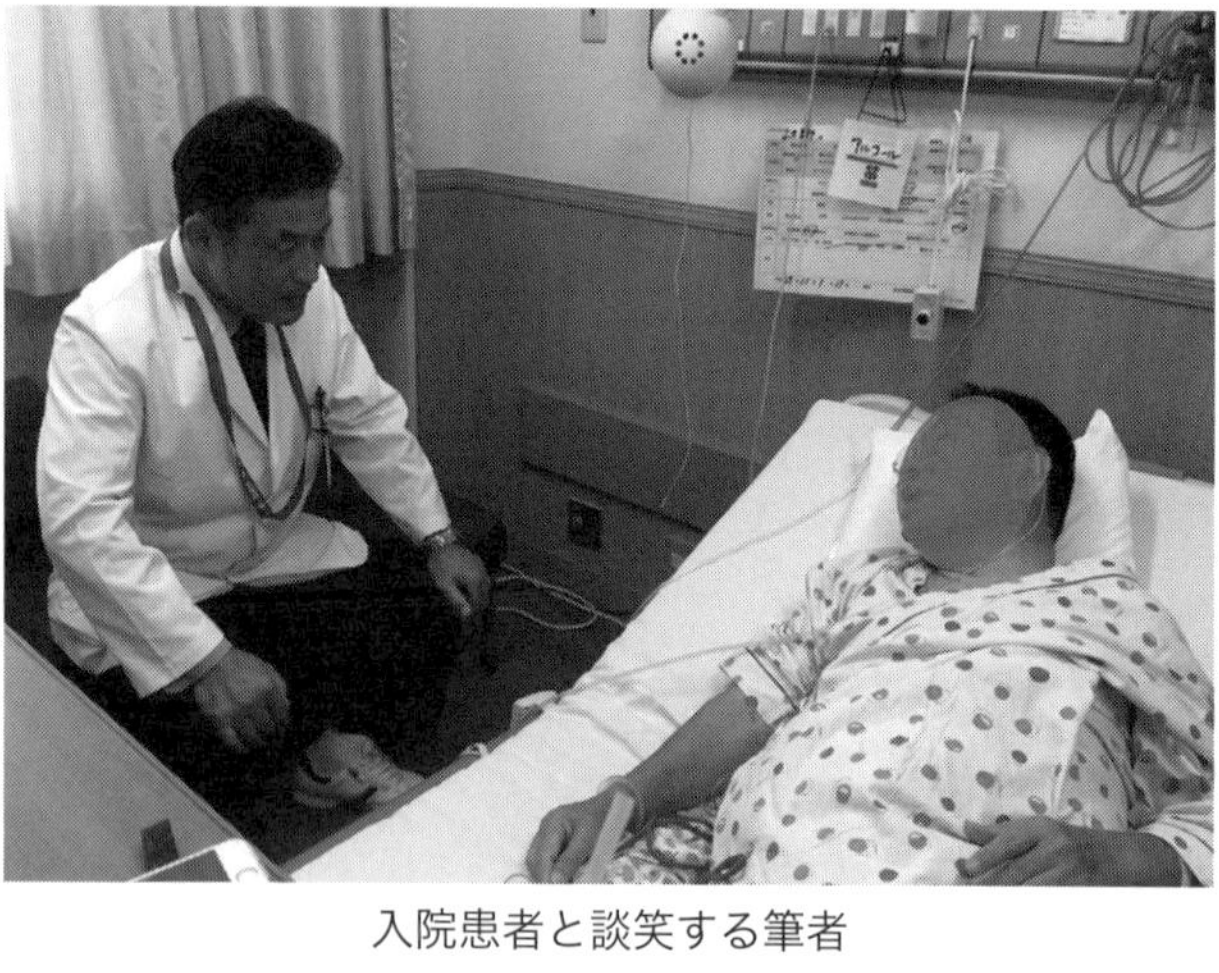

入院患者と談笑する筆者

やりがい・教育・チームワーク

八事日赤には、前院長の柳務先生の時代から三つのホスピタルミッション─医療の質と安全とサービスでトップレベルの病院、人材が集まり人材が育ち人材を育てる病院、社会に貢献するモラルの高い病院─が掲げられていた。院長就任に際して、新院長の抱負として、新たに三つのキーワード「やりがい」「教育」「チームワーク」を職員に示し、これを重視して日々の業務に取り組むことを呼びかけた。三つのホスピタルミッションの具体的な事例を実践するためには、三つのキーワードが不可欠であるとの考えからだ。

それ以後、入社式、創立記念日など事あるたびにこのホスピタルミッションと三つのキーワードに言及することによって、全職員に周知徹底することを心掛けた。

院長としての私の任務は、ホスピタルミッションの具体的な事例、例えば、歴代院長が築き上げてきた「救急医療」「高度医療」「研修医教育」「医療連携」「災害救護と国際救援」などの歴史と伝統を引き継ぐとともに、さらにそれを発展させていくことだった。

いずれの領域も歴代院長の首尾一貫した方針で、私の院長就任時にはすでにこの地域での確固たる地位が築かれていた。

救急医療は、新救命救急センター竣工とともに救急体制も充実し、救急患者数、救急車搬送数とも全国トップクラスとなり、名実ともに「救急の八事日赤」と称されるようになった。

高度医療では、わが国ではトップクラスの腎移植をはじめとして、いくつかの診療科が全国的にも高い評価を得ていた。

研修医教育については、「研修医は病院発展の原動力」との考えで、優秀な研修医を確保すべく優れた研修プログラムを整備した。その結果、研修医の人気を評価するマッチング数は、毎年、県下でもトップクラスであった。

医療連携については、病診連携システムなどに早い時期から取り組み、登録医の数は県下トップであった。

災害救護については、災害拠点病院の機能を有する新救命救急センターの竣工に合わせて、定期的に災害訓練を実施することによって地域からも高い信頼を得るようになった。

さらに、国際救援についても、国際医療救援拠点病院となり、国際救援部が設置されたことによって、海外への派遣数はわが国でトップクラスとなった。

院長としてこれらの歴史と伝統を守り、さらに発展させることを院長のやりがいとして全力を注ぐことにした。

新院長としての抱負

院長　石川　清

3つのキーワード

1.やりがい
2.教育
3.チームワーク

院長に就任して

このたび院長を拝命し、あらためて自分の置かれた立場の重大さを痛感しています。自分が院長として最もふさわしい人間であるとは思っていませんが、状況の流れとかタイミングでたまたま自分が選ばれたことだと認識しています。しかし、選ばれたからには自分の出来る範囲で全力を挙げて取り組み、とりあえず1年1年を確実にこなしていく姿勢で頑張っていきたいと思っています。

前院長の柳先生が90年史の『21世紀のグランドデザイン』の中で、当院の進むべき方向について細かく書かれています。それは当院の歴史と現状、最近の医療情勢を念頭に入れたものであり、我々の進むべき指針になるものだと思います。その幾つかを引用させていただいて

院内報に掲載された「新院長としての抱負」

当院発展の歴史と伝統
日本赤十字社
Japanese Red Cross Society
歴代院長先生の首尾一貫した病院の進むべき方向性
●救急医療
●災害救護
●国際医療救援
赤十字の使命
●高度医療
●研修医教育・看護師教育
●地域医療連携など
富永　健二院長
栗山　康介院長
柳　務院長
石川　清院長

歴代院長と当院発展の歴史と伝統

「国際救援」は八事日赤の歴史と伝統に

日赤本社で国際救援拠点病院構想が出された時、当時の八事日赤院長の栗山康介先生はいち早く名乗りを上げられ、八事日赤は全国92の赤十字病院のうち、五つの国際救援拠点病院のひとつとなった。2001（平成13）年のことだった。

この年の1月、私はスーダン紛争犠牲者救援から帰国したが、私のスーダン派遣が八事日赤の拠点病院指定の布石になった。

拠点病院の指定を受けてからは、ホスピタルミッションのひとつである「社会に貢献するモラルの高い病院」を実践する具体的な取り組みとして国際救援が掲げられた。

拠点病院は国際医療救援部を設置し、派遣要員の登録・養成・研修を担当し、度重なる大災害では、病院を挙げて積極的に取り組み、多くの職員を派遣してきた。私が派遣されたイラン南東部地震、スマトラ島沖地震・津波の派遣はその一環であった。

国際救援は赤十字の使命であると同時に、社会に貢献でき、非常にやりがいのある仕事であった。国際救援は八事日赤の歴史と伝統のひとつとなった。

病院が国際救援を積極的に推進するメリットとして、赤十字本来の使命の実践、優秀な人材の確保、国際救援を希望する職員のモチベーションの向上、病院の高い評価とイメージアップ、その結果としての寄付の増加などがある。

職員の派遣や研修で経営的にマイナスとなっても、総合的にみれば国際救援は間違いなく病院経営にプラスとなる。国際救援活動に対してマスコミは非常に好意的で、この報道による宣伝効果は大きかった。

災害や紛争は暗い話題だが、国際救援は病院にとって明るい話題であり、国際救援に職員を派遣する際には、その明るい話題を最大限活用してきた。人が集まる場所での出発式・出迎え式の開催、マスコミへの取材依頼、院内報や病院紹介パンフレットへの掲載、講演・学会での発表など、病院を挙げて国際救援に取り組んでいる姿勢をアピールしてきた。

国際救援を希望する看護師、研修医は多く、それも優秀な人材に見受けられる傾向があった。看護師・研修医確保対策として絶好のセールスポイントであり、国際救援は優秀な人材の確保に貢献する。

国際救援は一部の職員だけで取り組むのではなく、全病院挙げて取り組むことが必要で、国際救援が院内で浮いた存在になってはならない。そのためにも国際救援に関わる人材は病院にとって必要な人材でなければならない。後に院長になって国際救援を病院経営の視点からとらえるときにはいつもこの考え方を基本としてきた。

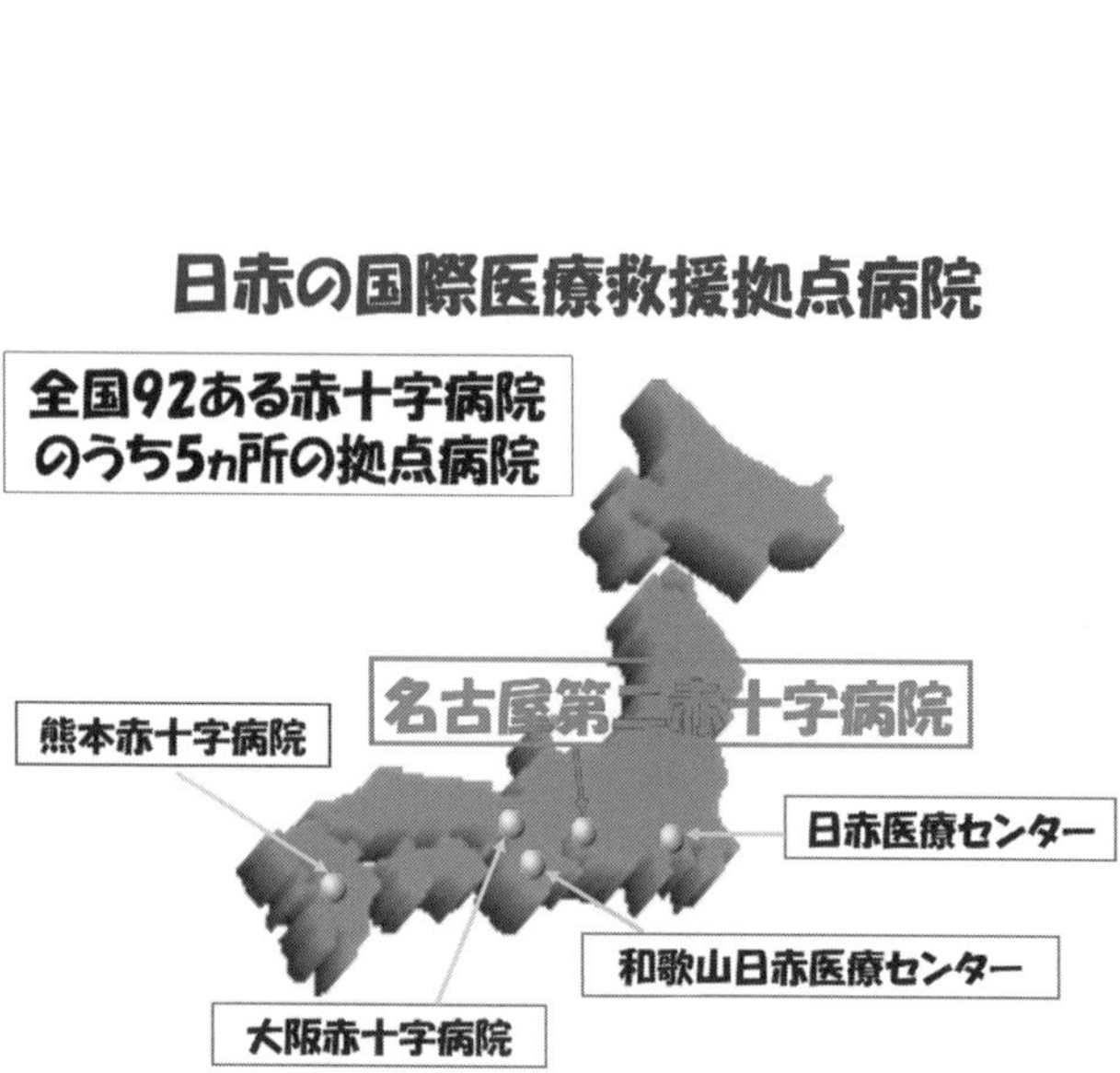

日赤の５つの国際医療救援拠点病院

国際救援派遣の出発式(上)と名古屋駅ホームでの見送り

東日本大震災・全病院挙げて救援活動に協力を！

２０１１（平成23）年３月11日に発生した東日本大震災は、２万人近くの犠牲者を出し、自分の生涯の中でおそらく二度と遭遇することのない大災害であった。

この年の４月、日赤本社で開催された院長会議の席上、私は各地の赤十字病院の院長たちに「これ以上の大災害はありえない。この大震災で赤十字病院が頑張らなかったら、赤十字病院の存在意義はない」と強く訴えた。

八事日赤では、発災直後の地震情報から甚大な災害と判断し、直ちに院内災害対策本部を設置し、情報収集、救護班派遣準備を開始した。

全職員に対して緊急院長メッセージで「全病院挙げて被災者救援活動に協力するように」と呼びかける一方、発災から３時間後には、初動班の十数人を被災地に派遣した。その後も継続的に救護班を派遣し、8月末までに延べ227人を被災地に派遣した。

派遣した職員は全て希望者で、再度、派遣を希望する職員も何人かいた。途中、福島原発の放射能の問題で未知の不安の中でも継続して派遣を行った。

職員の派遣に当たっては、モチベーションを維持するために毎回、病院正面玄関で出発式と出迎え式を開催した。さらに、派遣される職員に対しては、出発前にブリーフィングを行い、派遣の目的・心構え・注意点などを周知徹底した。また、帰還時には、心の傷を負って帰ってくる職員もいるため、心のケアを含めたデブリーフィングを行った。

派遣された職員は駅や空港で全く見ず知らずの人たちから「頑張ってくださ い」「ご苦労様です」と声を掛けられ、大きなやりがいを感じていた。

被災地での救護班の活動は、救護所での医療活動、巡回診療、避難所でのこころのケアなどの活動であった。私自身も発災から11日目に、救護班の一員として救護活動に参加した。

現地に入り、実際に自分の目で見た被災地の印象は、テレビや新聞の報道とはまったく異なり、津波のすさまじさを体感した。

救援活動を行うことで感じた印象は、阪神淡路大震災の時と全く同じであり、被災者の人たちから涙を流して感謝されたことは大きなやりがいであった。

院長として職員を積極的に派遣した理由は、第一には被災者支援が目的だが、救護活動を通して自分の目で被災地を見ておくことは、来るべき南海トラフ地震に対する心構えをする上でも大きな意義があるからだ。

さらには、救護班として直接被災者に関わることは、医療従事者としてやりがいを感じることであり、一人でも多くの職員がこの経験を共有してほしいことを院長として切望したからだった。

地震発災から３時間後に救護班を派遣

筆者も発災11日目に救護班の一員として救護活動に参加

モデルケースとなる石巻日赤の奮闘

東日本大震災の発災直後から八事日赤が全病院挙げて支援したのは、最も被害が甚大であった石巻地区の石巻赤十字病院（石巻日赤）で展開された救援活動であった。

石巻地区では、10近くの病院のうちほとんどの病院が津波で壊滅状態となり、診療機能を失ったのに対して、石巻日赤は機能を失わず、この地域の災害拠点病院としての役割を十二分に果たした。

石巻日赤は震災の5年前に海岸線から約5キロ内陸の地に新築移転し、その際、災害拠点病院としての機能を充実させた。建物は免震構造で、利便性のあるヘリポート、広大な地下倉庫スペースなどを有し、高速道路の入り口近くに位置してアクセスがよく災害拠点病院として理想的なハード面を備えていた。

ソフト面についても、この地区で高い確率で発生すると予測されていた宮城県沖地震に備え、日頃から頻繁に災害訓練を実施し、いざという時のために備えていた。

発災直後、全職員は院内で万全の態勢を整え、押し寄せてくる傷病者に対応した。職員の中には、家族を亡くしたり、家を流されて住まいがなくなったにもかかわらず、病院にとどまり、医療従事者としての使命を果たした職員が何人かいた。

この石巻日赤職員の献身的な行動は、医療従事者として模範となるものであった。

さらに注目すべきは、宮城県知事から災害医療コーディネーターとして委嘱されていた医療社会事業部長の石井正先生の活躍だった。

石井先生を中心に、全国から集まった救護班は一括管理され、効率的に配置する体制ができ上がっていた。石巻地区にあった300カ所以上の避難所の診療をはじめとして石巻地区の住民約22万人の医療を担う受け皿となった。

私を含め八事日赤の職員が石井先生をサポートできたことは幸運であった。全国から集まった救護班は延べ約3600チーム、1万5千人に及び、これらの救護班をうまくマネジメントし、石巻地区の医療が一元的に管理されたことは、それまでに例を見ない活動だった。

この石巻日赤で展開された災害対応は、来るべき南海トラフ地震に対して、非常に参考となるモデルケースであり、この大震災で学んだ貴重な教訓となった。この震災での教訓として、後に愛知県でも災害医療コーディネーターの委嘱がなされることになった。

八事日赤の病院創立100周年記念事業として日赤愛知災害管理センター棟の建築がなされたが、それはこの石巻日赤での教訓から生まれたものだった。

石巻日赤の救援活動を支援した八事日赤のスタッフ
（右端が筆者）

全国から集まった救護班を一元管理

赤十字大好き人間

自分の医者としての人生を振り返る中で、あらためて自分の中で「赤十字」の占める大きさに気づかされた。思えば、医者人生の中で40年以上にわたって赤十字と関わってきたことになる。

１９９４（平成６）年、八事日赤に異動した年に、赤十字職員の業務の一端として災害訓練に参加した。

奇しくもその翌年、阪神淡路大震災が発生し、その救援活動に希望して自ら参加した。救護所で被災者の診療を通して、被災者から涙を流して感謝された経験に医師としての大きなやりがいを感じ、忘れられない思い出となった。

たった3日間の救援活動であったが、この経験は人生の経歴の中で大きな意味を持つこととなった。

さらに、救援活動の中で感じたもうひとつの印象は、赤十字の災害対応の素晴らしさであった。全国の赤十字病院から集まった救援車を目の当たりにして、迅速かつ組織的な救援を行う、赤十字の高い組織力・行動力を認識した。

それ以来、災害医療に関わることとなり、日赤愛知県支部の災害訓練や防災ボランティアの育成、院内での災害マニュアル作成や災害訓練の企画などにも積極的に関わった。

国内ばかりでなく、国際救援であるスーダン紛争、イラン南東部地震、スマトラ島沖地震・津波などの紛争災害被災者救援活動にも参加した。

いずれの活動でも、赤十字の連携、歴史と伝統の上に出来上がった国際赤十字組織の熟練度の高さが印象的であった。

災害救護と国際救援で赤十字の素晴らしさを経験し、「赤十字大好き人間」になり、それ以後、機会があるたびに赤十字を意識して行動するようになった。

院長就任後、毎年4月の入社式では日赤の救護服を着て登場し、緊張真っただ中にある新人に向かって「きをつけ、一同、敬礼！」の大声で驚かせ、入社した病院が赤十字病院であることを強く印象付けさせた。この「きをつけ、一同、敬礼！」は日赤本社の研修医研修会や日赤愛知県支部の新採用職員研修会でも行った。周りからは「ミスターレッドクロス」と呼ばれることもあった。

東日本大震災でも多くの職員を派遣したが、その最も大きな理由は、自分自身が経験した赤十字のやりがいを一人でも多くの職員に共有してほしかったからだ。

災害救護、国際救援は赤十字の使命であると同時に八事日赤の歴史と伝統でもある。これらの赤十字活動を推進している赤十字病院に身を置くことに大きな誇りを感じている。これからも「赤十字大好き人間」として赤十字の素晴らしさを社会にアピールしていきたい。

入社式の恒例となった　きをつけ、一同、敬礼！

入社式で行うエール「赤十字病院のために頑張るぞ！」

職員満足度向上を目指して

自分自身が「人生のやりがい」を最も大切にしていたので、院長としてもっとも重視したのは「職員のやりがい・働きがいのある病院づくり」だった。

そこで、院長として「職員のやりがいを見いだすこと」をやりがいとして病院経営に専念することにした。

「職員がやりがいを見いだすためには、職員満足度を高めることが重要」と考えた。

それは前院長の栗山康介先生がいつも言っていた言葉「職員が満足して働けなければ、患者さんを満足させることはできない」「患者さんへの手厚いサービスは、職員の心のゆとりから生まれるもの」という考え方によるものだった。

そして、「満足している職員は良い仕事をする。職員満足度は病院経営に直結する」つまり、「職員が満足し、心のゆとりを持って働くことができれば、それは患者さんの満足にも必ず反映され、ひいては患者さんの信頼や安心を得ることになる。それが病院の評価につながり、さらなる病院の発展につながることになる。職員満足度向上はそのまま病院経営に直結する」と考えた。『新医療』という雑誌に「病院トップが職員満足度向上に取り組む理由」と題して投稿した。その考えに基づいて、私は職員満足度を高めることに全力投球し、いろいろな施策を相次いで実施していった。

当時、医師・看護師の過重労働が大きな問題になっており、そのための解決策として、医師・看護師の増員による過重労働の軽減を図った。5年間で医師は30人以上、看護師は100人以上の増員となった。

また、寄付者からの財源をもとに職員表彰制度を創設した。毎年、創立記念日にその1年間に頑張った職員、あるいは部署を表彰し、金一封を贈呈する制度である。

さらに、医療従事者としての資格取得のサポートをすることによって、人材の育成を図った。産休や育休の取得・院内保育所の整備・病児保育や夜間保育の実施などの労働環境の整備も積極的に行った。

加えて、スポーツ大会、クラブ活動、2泊4日の海外旅行を含めた病院旅行、ビールパーティー、大運動会、納涼夏祭り、ナゴヤドームを貸し切ってのソフトボール大会など、さまざまな福利厚生事業を実施した。

職員満足度向上のための方策は、考えられること、実施可能なことは迷うことなくすべて実施した。

しかしながら、職員満足度が向上しているという実感はなく、当時、問題となっていた看護師離職率や医療トラブル件数はあまり変わることはなかった。

職員満足度向上のための取り組み

●病院活性化に直結する「やりがい」重視●

病院トップが職員満足度向上に取り組む理由

◆Summary

Why should the hospital management boost staff job satisfaction?
Many hospitals are facing a chronic shortage in medical manpower. Hence, securing and maintaining a stable source of medical manpower has become the top priority of hospital management strategies. To achieve that, the hospital management are expected to boost staff job satisfaction through various approaches.

名古屋第二赤十字病院
院長
石川 清

要旨：多くの病院で医師不足・看護師不足が大きな問題となっているが、病院トップが病院経営を考える上で、職員の安定確保が最も優先される課題である。職員の安定確保を考える時、職員満足度向上が重要であり、そのためにとるべき具体的な対策が病院トップには強く要求される。

今、多くの病院が抱えている問題の1つに、医師不足、看護師不足がある。医師不足、看護師不足から診療の縮小や中止、あるいは病棟閉鎖を余儀なくされ、運営に支障を来している病院も少なくない。これらの病院では病院トップが病院経営を考える上で、最も優先されるべき課題は職員の安定確保であるといっても過言ではない。職員の安定確保を図るためには職員満足度向上が不可欠であり、病院トップにはそのためにとるべき対策が要求される。

医療従事者としての職員満足度

医療従事者としての職員満足度を考えるとき、医療従事者の本質を理解しておく必要がある。医師・看護師をはじめとする医療従事者とは、高度な教育を受けた技術者であり、自分の技術や知識を向上させるためであれば努力と時間を惜しまず、給料もある程度以上であればこだわらない。この医療従事者の本質からすれば、充実した人材育成システムや職種に応じた資格の取得など個人のキャリアアップを図ることが満足度を得る重要な方策といえる。

また、医療従事者としての本来のやりがい

雑誌に掲載された職員満足度向上に関する論文

全病院的なコーチング導入を決断

院長に就任してから職員満足度向上に積極的に取り組んだが、数年経っても満足度が向上したという確かな手ごたえは、いまひとつ感じることができなかった。

「八事日赤は比較的良い病院」との評価はあった。しかし、いろいろな課題は解決されることなく残っていた。特に、問題になっていた医療トラブルは減らなかったし、看護師離職率も下がらなかった。

当時、看護師の毎年の離職者数は全看護師数の1割に相当する100人近くあり、病院運営上、大きな問題だった。改めて離職の背景を探る中で、特に気になったのはリーダーによって離職率に違いがあったことだ。

福利厚生を良くしてもやりがい・働きがいのある病院づくりにならないので

は？　職員のやりがい・働きがいはリーダーによって違うのでは？　職員満足度向上の本質は職場での人間関係など、日々の仕事の中でのやりがい・働きがいが関係しているのでは？　そうした思いが、徐々に募ってきた。

そんな時に出会ったのが、書籍『エクセレント・ホスピタル』（クィント・ステューダー著、ディスカバー・トゥエンティワン発行）だった。アメリカでベストセラーとなり病院経営のバイブルと称される本であった。コーチングで病院を変えるという内容で、職員満足度を重視する当時の私の問題意識と重なるヒントが数多く盛り込まれていた。

また、ＮＨＫの番組「クローズアップ現代」でコーチングが取り上げられ、コーチングで組織改革を実現した企業の取り組みに感銘を受けた。

社員がコーチングを学び、職場の壁を越えたコミュニケーション力を養い、組織が変わっていく様子が描かれていた。

全病院的なコーチング導入を決断

病院が導入した例は一例もなかったが、一般企業で成功しているものが病院でうまくいかないはずはないと思った。

こうしたコミュニケーションの手法が組織改革に有効であると気づき、コーチング導入を検討するようになった。

そして、コーチングを導入すれば職員満足度の高い病院づくりが実現できると考え、幹部会でコーチング導入による組織改革を提案した。

最初は「病院での導入例がない」「費用対効果が得られそうもない」などの意見が続出し、導入にはかなりの抵抗があった。

それでも、「全病院的なコーチング導入なくして組織変革は実現できない」との確固たる信念を持ち、約5カ月間の説得の末、幹部全員の了解を得て、全病院的なコーチング導入を決断した。

エクセレント・ホスピタル

NHK番組「クローズアップ現代」
録画映像「コーチング」
2011年9月27日放映

エクセレント・ホスピタルと
クローズアップ現代のコーチングの映像

全病院的なコーチング導入のキックオフ

一大目標「最高の病院になること」

八事日赤は2014（平成26）年に病院創立100周年を迎えることになっていた。その大きな節目の年に向けて「最高の病院になる」という一大目標を掲げた。

最高の病院とは「職員が日々の仕事にやりがいを持ち、自分たちが行っている医療サービスは最高であると信じ、患者さんが自分たちの受けている医療やサービスは最高であると信じている病院、つまり、職員満足度と患者満足度がともに高い病院」と定義した。

そして、これを実現するため、わが国で最も多くの優秀なコーチを有するコーチング会社「(株) コーチ・エイ」と契約し2012（平成24）年から3年間にわたって全病院的なコーチングを導入した。

契約費用は数千万円に及ぶことから、これだけの投資をするからには、万が一失敗した際には、その責任を取って院長の首を覚悟しての取り組みだった。

２０１２年から毎年、選ばれた受講者25人がプロのコーチから直接コーチングを受け、その受講者から間接的にコーチングを受ける職員各５人の計１５０人が約８カ月間のプログラムに参加した。

受講者には、院長、副院長、看護部長などの病院幹部をはじめ、他の職員に影響力があり積極的に参加を希望する役職者、組織を変えたいという意欲ある職員を選抜した。

受講者は月1回、プロのコーチとの1対1の電話セッションと、週1回の電話会議を通して、コーチングスキルを体系的に学習した。そして、その受講者が部下や同僚などから選んだ職員各5人に対し、日常業務の中でコーチングを実践した。

3年間のコーチングプログラム受講者は75人で、間接的にコーチングを受ける職員を含め、全職員の25％にあたる450人がコーチングに関わった。自分もコーチングを学ぶ中で得た知識を職員に共有すべく、院内報『やまのて』に「最高の病院になるために」と題して月1回×31回の連載記事を書いた。

コーチングは元来、スポーツ界で用いられたものだが、近年、人材育成や組織改革の手法として用いられるようになった。組織改革を目的に全病院的に取り組んだのは全国では当院が初めてだった。

医療界では先駆的な取り組みであったため、多くの医療関係者の関心を集め、私はいろいろな病院や講演会の講師として招かれた。多くの職員がコーチングの取り組みを学会発表したが、三つの全国学会で優秀演題賞を受賞した。

全病院的なコーチング導入は、私の11年間の院長在任中、一番やりがいを持って一生懸命取り組んだことだった。

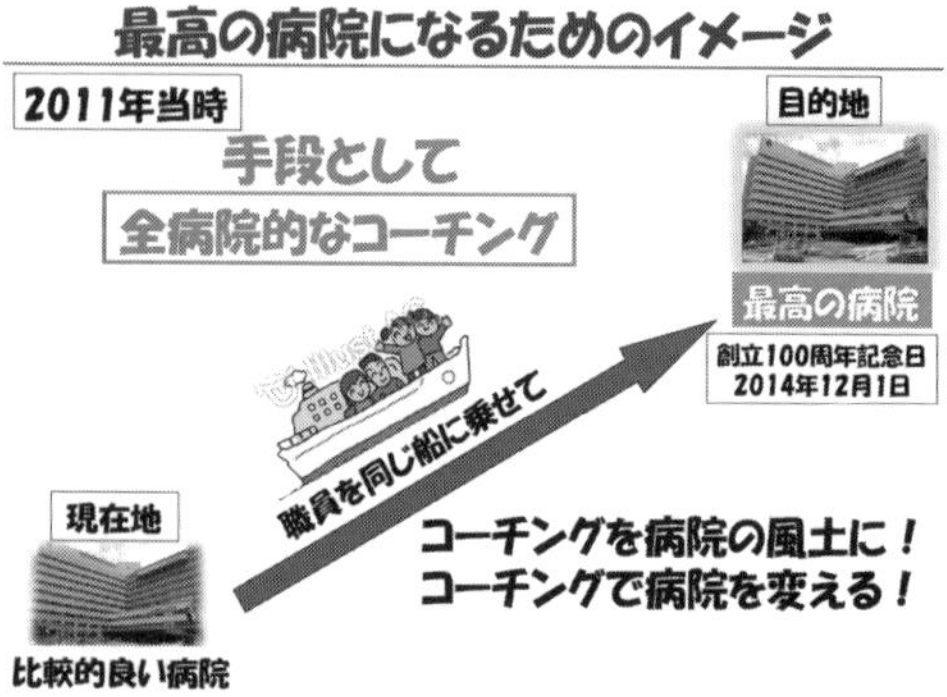

最高の病院になるためのイメージ

院内報やまのて「最高の病院になるために」

コーチングで病院経営の一大危機をＶ字回復

全病院的なコーチング導入の成果として、コーチングを学んだリーダーがリーダーシップを発揮した職場では、徐々に変化が見られるようになった。検査部、脳神経外科、電話交換台など、院内のいろいろな部署や診療科で主体的な動きが出てきたのだ。

また、多剤耐性菌による院内感染、極めて難しい「ＪＩＣ認証」取得、病院経営の一大危機など、病院経営上さまざまな課題に直面した時にも、コーチングによって育まれた職員の主体的な取り組みによって乗り切ることができた。

その一つ、病院経営の一大危機という課題に直面した時の職員の主体的な動きは以下の通りだ。

２０１２年頃から、診療報酬のマイナス改定に加え、消費税の増税、原油価格の高騰による光熱費の増加など、わが国の病院経営に大きな影響を及ぼす出来事が相次いだ。そのため全国の多くの病院が赤字経営に陥った。

八事日赤も例外ではなく、２０１４（平成26）年は大幅な赤字を覚悟しなければならない深刻な事態となった。コーチング導入3年目に当たる年だった。

この時には、組合の団交でコーチングがやり玉にあがり、組合側から「コーチングにかかる高額な費用はムダな経費だ」と迫られた。これに対して、私は「コーチングはムダな経費ではなく、人材育成のための投資だ」と反論した。

そして、私は経営危機を乗り切るために、院長メッセージで「病院経営の一大危機、職員一人一人が危機意識を持って経営改善に向けての行動を！」と全職員に呼びかけるとともに、私をトップとする経営改善委員会を設置し、幹部一丸となって経営改善に取り組んだ。

こうした一連の取り組みが実を結び、２０１４年度は、ほとんどの病院がマイナス経営に陥ったのに対して、八事日赤の当期利益は若干の黒字となって、大幅な赤字転落を回避することができた。そして、２０１５（平成27）年にはＶ字回復を達成することができた。

病院経営の一大危機に対して、Ｖ字回復を実現できたのは、コーチングに参加して認定コーチの資格を取った全幹部が一丸となって取り組み、各幹部がそれぞれ自分の役割をよく認識して主体的に行動し、それに全職員が協力したからだった。コーチングをやっていなければＶ字回復はできなかったと思っている。

全病院的なコーチング導入によって、職員の主体的な行動を促す組織文化が定着してきたことを、私は実感することができた。

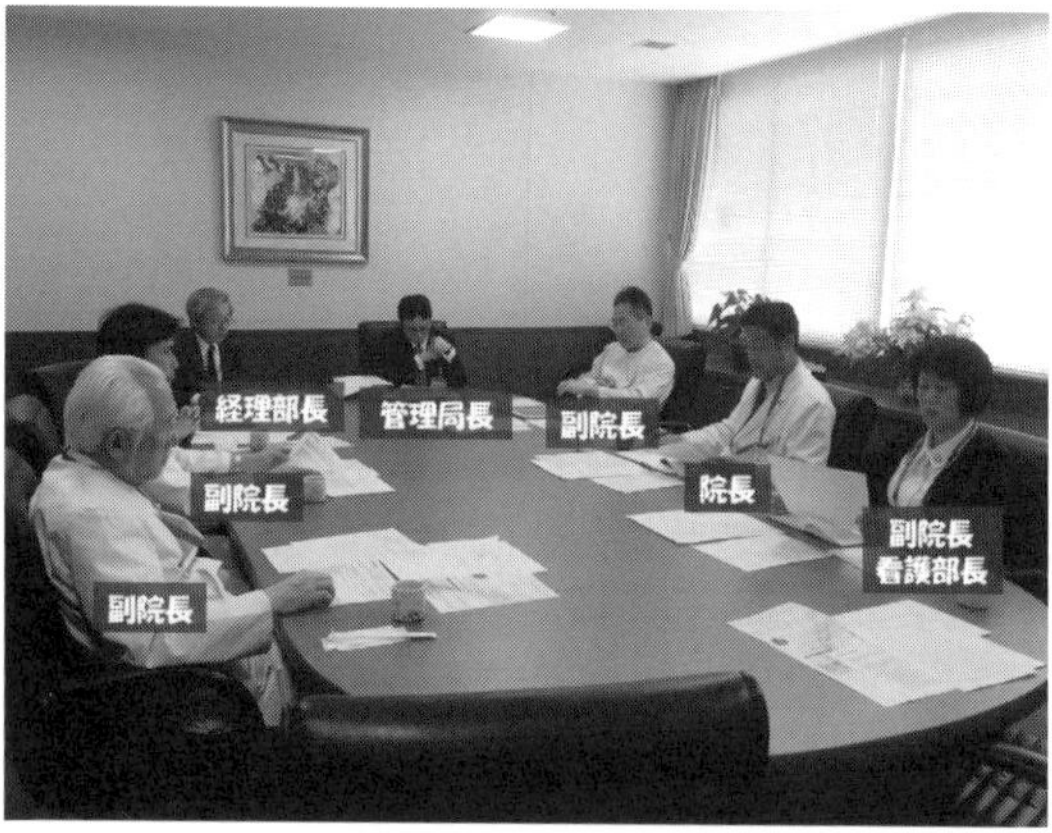

幹部全員がコーチングに参加

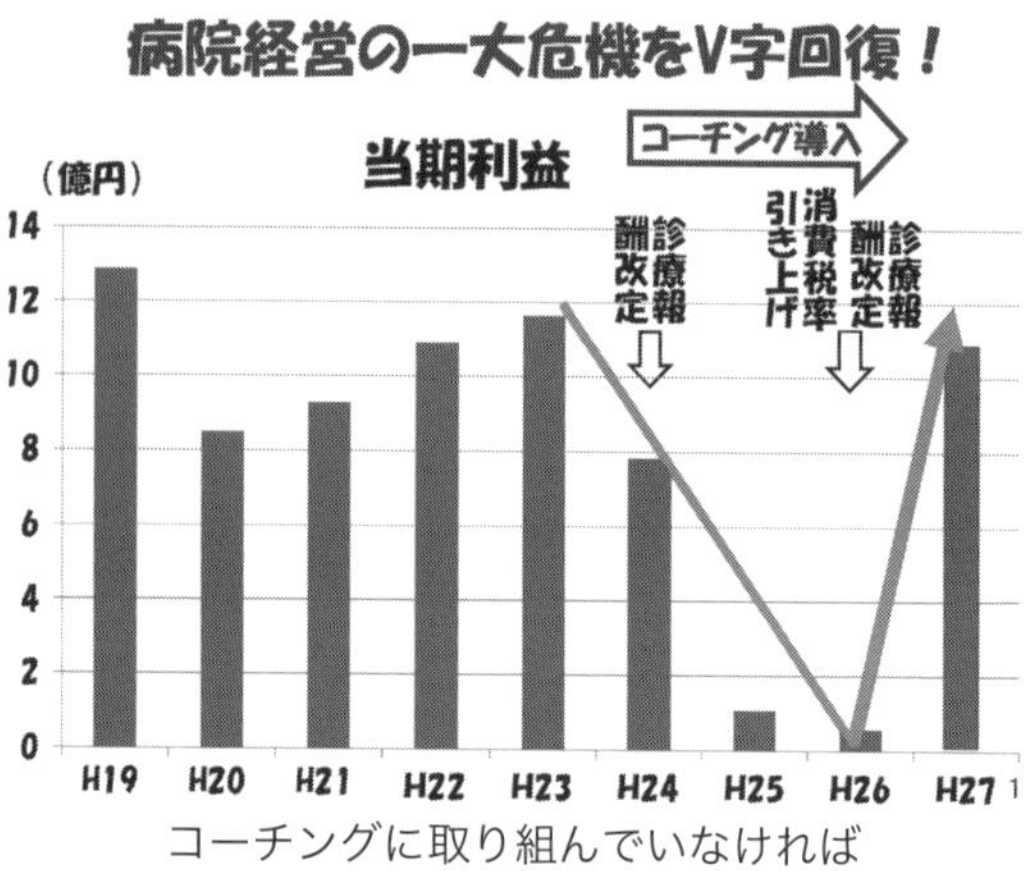

コーチングに取り組んでいなければ
Ｖ字回復は不可能だった

アカウンタビリティの高い組織確立

コーチングで学ぶスキルの一つにアカウンタビリティがある。アカウンタビリティとは「主体的に自ら進んで仕事を引き受けていく意識」や「一人ひとりが自分の責任で物事を考え行動を起こす意識」のことを言う。反対はビクティムだ。

コーチングを導入して3年ほど経過した頃、「危機的状況下でのコーチングの成果」とも言える象徴的な出来事があった。

海外から受け入れた重症患者が、後日、多剤耐性菌に感染していたことが判明し、その患者から伝搬した多剤耐性菌による院内感染が発生した。

多剤耐性菌とは抗生物質がまったく効かない菌のことで、この発生は病院の一大危機であり、病院挙げて取り組むべき緊急事態となった。保健所や厚生労働省に報告した結果を受けて、全国の医療機関に対して警告の通知が出された事例となった。

病棟閉鎖に伴う入院・転入の中止、先の見えない状況に加え、さらなる感染拡大の脅威、経験したことのない感染対策など、スタッフには計り知れないストレスの連続だった。まさにコロナ禍と似た状況だった。

しかしながら、約2カ月間にわたる病棟閉鎖をはじめとした徹底した感染対策を実施した結果、院内感染を完全に終息させることができた。

この危機的な状況を乗り切ることができたのは、病院挙げての取り組みが功を奏したのは勿論であるが、一番の立役者は現場のスタッフであった。

現場スタッフは計り知れない大きなストレスの中で厳しい現実を受け入れ「私たちがやります。耐性菌がいなくなるまで頑張ればいいんですね」という、まさに「アカウンタビリティが高い状態」だった。被害者的な思考になるのではなく、課題を乗り切るためにどうすべきかを主体的に考えて行動した。チームの中で自分は何をすべきか、一人ひとりが前向きな姿勢で向き合っていた。

その背景にあったのは、コーチングを学んだ上司が日頃から現場スタッフのアカウンタビリティを高めていたことだった。日々の上司との面談や日常のコミュニケーションの中で、自分たちのあるべき姿をしっかりと認識していた。

この事例は、スタッフの一人ひとりが現実を受け入れ、自分たちの役割を認識し、自ら考えて主体的に行動することの重要性を再認識させる出来事だった。

コーチング導入の目的のひとつは、まさしく組織あるいは個人のアカウンタビリティを高めることにあると言っても過言ではない。

コーチングを通してアカウンタビリティの高い組織が確立していれば、コロナ禍のような課題に直面しても、乗り越えることができると確信している。

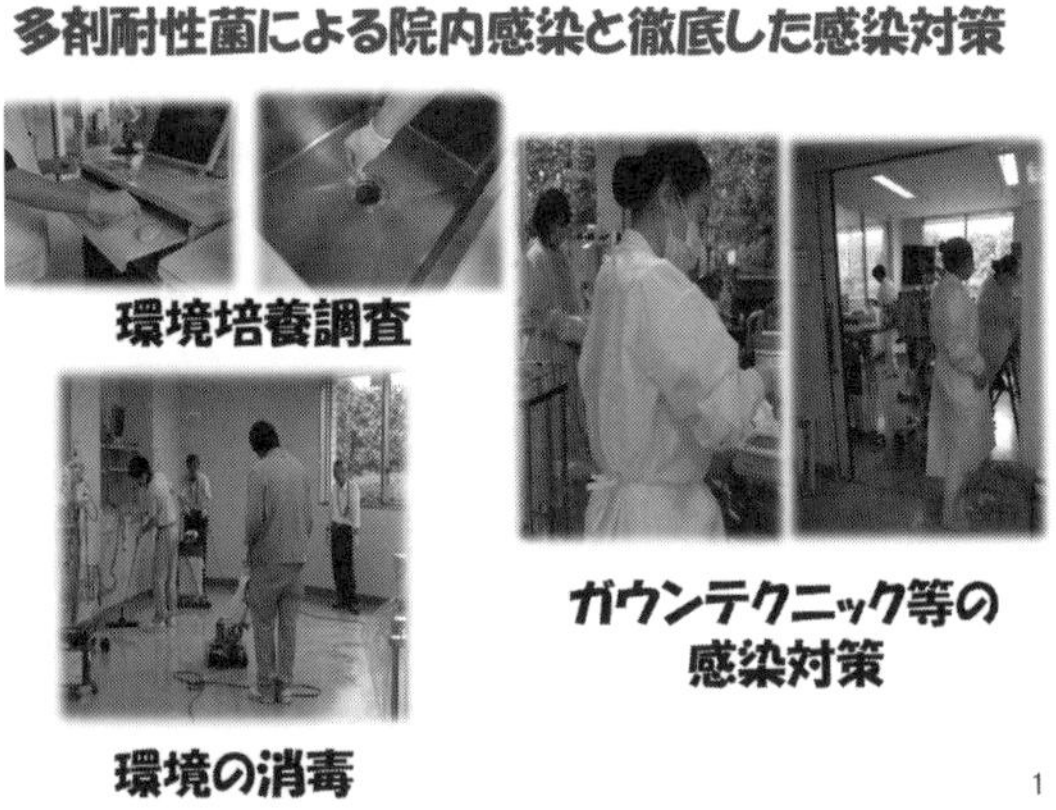

多剤耐性菌による院内感染と徹底した感染対策

アカウンタビリティが高い現場スタッフ

コーチング導入後突発性難聴に

全病院的なコーチング導入の取り組みは、決してすべて順調にいったわけではなかった。

コーチングに関わったのは全職員の約25％で、残りの職員はコーチングに関わっていないので、コーチングの良さがわからず批判が出るのは当然であった。コーチングを導入して3年目、成果は見られていたものの、批判の声は無視できず、一時はこの取り組みが精神的に苦痛に感じることがあった。そんな頃、突然、右耳が聞こえなくなった。それに合わせて耳鳴りがするようになり、耳鳴りが「コーチング、コーチング」と聞こえる有様だった。

もともと若い時から両耳とも軽度の聴力障害はあったが、日常会話には支障はなかった。しかし、日常会話にも支障が出るようになったため当院の耳鼻科を受診した。その結果は突発性難聴の診断だった。

名大病院の教授を紹介され、色々な治療を試みたが、聴力の改善は見られず、右耳の聴力はほぼゼロに近い状態となった。原因は明らかではなかったが、コーチングによるストレスが原因かもしれない。

やむを得ず補聴器を購入することにした。補聴器の値段は数十万円と非常に高価であった。当初、補聴器の使い方に慣れず、短期間の内に2つの補聴器を紛失した。

静かな場所で対面での会話には支障はないが、多人数で会話をするときは、聞き取れないことが多く、会議の席での会話が聞き取れないことが大きな問題であった。

院長として仕事をする上で、会議で聞こえなかったり、人から話しかけられた時に聞こえなかったりして、色々な場面で支障を感じるようになった。

そこで、右耳は補聴器を付けてもほとんど聞こえなかったが、あえて補聴器を付けて自分が難聴であることを職員に知らしめた。さらに、「もし自分に声をかけても答えず、無視したように見えたのなら、それは無視をしたのではなく聞こえていないと思ってほしい」と職員の前で公表した。

日常会話が聞き取れないことの苦痛は、自分がなってみて初めて分かり、難聴である障害者の気持ちがよく分かった。会話に加われないことの疎外感や会話中の反応が悪くなることで認知機能の低下と思われること等、難聴の人が抱く悩みがよく分かった。

難聴になってからは、食事会やパーティー等の多人数で会食する場への出席が億劫になった。また、会議に出席しなければならない役職の依頼は辞退するようになった。

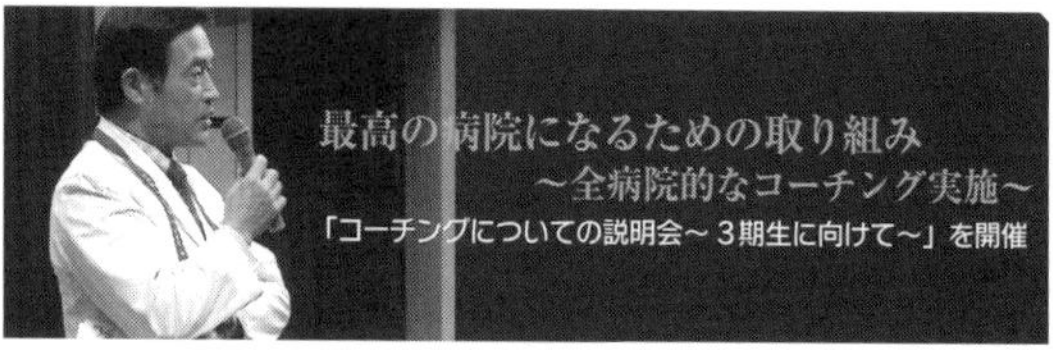

やりがいを持って取り組んでいたコーチング

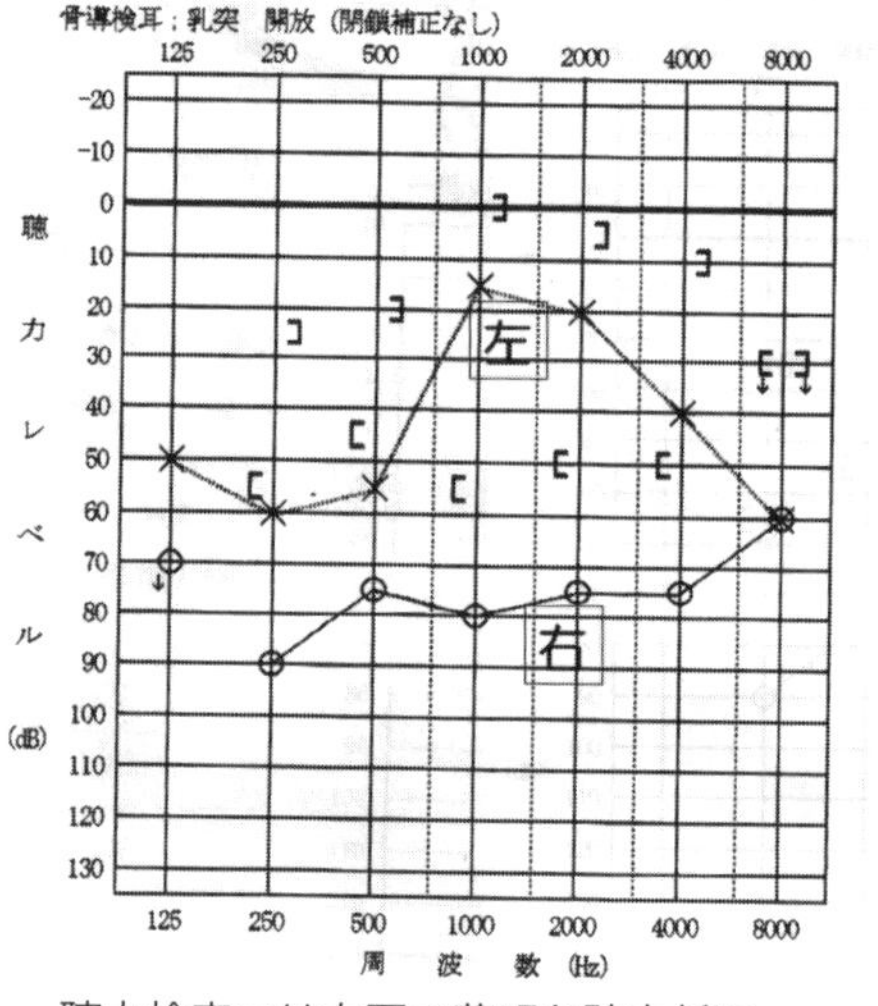

聴力検査では右耳の著明な聴力低下

病院創立１００周年記念事業

院長在任中、病院の行事として最も大きなイベントは、２０１４年の病院創立１００周年記念であった。記念誌の発行、記念式典の開催、さらには記念事業の計画等やるべきことが沢山あった。

記念誌の発行と記念式典の開催については数年前から準備をしていた。記念誌のトップは私と日赤本社近衛忠輝社長との「赤十字について」の対談が載ることになった。対談記事を取材するために、本社貴賓室で近衛社長とゆっくり歓談できたことは私の一生の思い出となった。

記念式典は約３００名の招待者を招いて名古屋観光ホテルで開催された。式典の院長挨拶の中で初めて記念事業について公表した。

記念事業としての計画は「日赤愛知災害管理センター」棟の建築であった。

近い将来、発生するとされている南海トラフ地震では甚大な被害が想定され、特に、名古屋地区の多くは津波、液状化現象の影響を受ける可能性が高い。当院の位置する名古屋市東部は、地盤が強固であり、海岸から離れていることから津波、液状化の不安はなく、災害拠点病院として最適の立地条件にあった。

そのため、創立100周年記念事業として計画したのは、名古屋市東部の災害医療の拠点となる「日赤愛知災害管理センター」棟であった。この建物は愛知県の赤十字関連組織の災害対策本部機能を担うことになり、本事業は地域からも大きな期待が寄せられていた。

そのモデルとなったのは東日本大震災で災害医療の拠点として重要な役割を担った石巻日赤であった。当院が石巻日赤のような役割を担うためには「日赤愛知災害管理センター」棟の建築は不可欠であった。

本事業の計画が可能となったのには長年にわたる病院の努力があった。院長就任時の当院の敷地は、建蔽《ぺい》率、容積率ともに限界に達しており、これ以上の増改築は全くできない状況であった。将来の建築計画を考えると、どうしても隣接地の取得が必要であった。

その頃、隣接した敷地に矢崎総業ＫＫの広大な土地があった。その土地を矢崎祐彦会長のご好意で「日赤の社会貢献のためなら」と非常に値打ちな価格で譲り受けることができた。その広大な土地を取得できたことから、それ以外のまだ残っていた数カ所の個人所有の土地を数年かけて順次買収し、２００９年には隣接地取得が全て完了した。

広大な隣接地と病院敷地の一体化により、建蔽率、容積率の緩和によって新たな建物の建築が可能となり、将来の建築計画に明るい展望が開けた。その将来計画の最初の建築が、記念事業としての「日赤愛知災害管理センター」棟の建築であった。

病院創立１００周年記念式典であいさつする筆者

「日赤愛知災害管理センター」棟のイメージ図

東海初、ワンランク上の病院に

２０１６（平成28）年7月には、「ＪＣＩ認証」取得に向けてのキックオフを行い、また新たな取り組みに挑戦した。

ＪＣＩ（Joint Commission International）とは、「患者の安全と医療の質の向上」について、世界で最も厳しい基準を持つ医療施設の評価・認証機構である。認証には3年ごとの更新があり、更新時には前回よりも厳しい審査を受けることになる。

常に改善が求められ、ＰＤＣＡサイクルによる継続的な業務の改善が必要になる。このため、認証取得には全病院的かつ継続的な取り組みが不可欠であった。

非常に難しい挑戦だったが、これを取得すれば患者さんや社会から絶大な信頼が得られ、職員の大きな自信につながると、私は考えた。

審査基準は非常に厳しい内容で、14領域1146項目にわたっている。とりわけ「国際患者安全目標」と位置づけられている「患者の正確な識別」「感染リスクの軽減」「転倒・転落リスクの軽減」などの6項目は、全職員が徹底して基準をクリアしなければならない。特に感染リスクの低減のために、全職員が手指消毒等の感染対策を徹底しなければならなかった。この感染対策は後に新型コロナウイルスの感染対策を講じる上で、非常に役立った。

全病院挙げて2年間にわたって認証取得に向けた取り組みを行い、模擬審査と本審査を受審した。ともに外国人審査員4人と通訳4人の合計8人で行われた。

初日の幹部のリーダーシップ・インタビューに始まり、5日間にわたって病院中くまなく審査を受けたが、先駆的な取り組みである災害対応や生命倫理の領域で、高い評価を受けた。

そして、2018（平成30）年3月、私が定年を迎える直前、JCI認証を取得した。職員を集めて開催した報告会では、認証取得によって世界基準をクリアし、ワンランク上の病院として認められたことを職員と喜びあった。JCI認証取得は職員からの私への定年退職に向けた最高の贈り物であった。

認証取得は全国でも25番目、東海三県下では初めてであり、近隣の病院にも影響を及ぼし、この地域の医療の向上に貢献することができた。当院に続いて藤田医科大学、名古屋大学が認証を取得した。

極めて難しいJCI認証取得という課題を乗り越えられたのは、多剤耐性菌による院内感染の克服や経営のV字回復が達成できたのと同様、全病院的なコーチング導入によって、職員の主体的な行動を促す組織文化が定着していたからだ。

幹部のリーダーシップ・インタビュー
（前列右から２人目が筆者）

ＪＣＩ認証取得は東海３県下で初めて

病院評価のもうひとつの基準

２０１８（平成30）年3月に「ＪＣＩ認証」を取得できたことで、まさに「患者の安全と医療の質の向上」に関しては、世界基準の評価を受けることができた。

それ以外にも、当院は救急医療の救急車搬送数、高度医療の腎移植数、研修医教育の研修医マッチング数など、いずれも全国でもトップクラスの実績を有し、社会から高く評価されてきた。

そして、これらの評価とは異なる病院を評価するもうひとつの基準を私は大切にしていた。病院への寄付額と病院で働くボランティア数である。

寄付額やボランティア数は、良い医療を提供する良い病院であること、国際救援など社会貢献する病院であることなどが不可欠であり、病院の評価に直結するものだ。この数字を維持するばかりでなく発展させることも、院長の重要な任務と認識していた。

当院への寄付額、ボランティア数とも、栗山康介前院長先生の時代から、他の病院に比較して群を抜いていた。それは当院の歴史と伝統でもあった。

栗山先生は、寄付者やボランティアの人たちを大切にしていた。また、人づき合いも面倒見も良く、交際範囲が極めて広く、経済界で栗山先生を知らない人はいないほど社交的な人だった。私は院長に就任した時、栗山先生を目指すべき院長のモデルとして仕事に励んできた。

院長就任時、栗山先生の紹介で、伝統ある丸八会にも入会させていただき、地元の経済界の人たちとの交流を大切にしてきた。

一方、ボランティアについては、比較的ご高齢の方が多いが、八事日赤では十余りのグループ約３００人が登録している。受付や案内、あるいは患者さんを励ましたり楽しませたりする活動など、職員では十分に対応できない仕事を担っていただいている。

ボランティアの人たちのボランティア活動を通しての交流や無償の奉仕活動にやりがいを見いだし、病院の仕事をサポートしていただいている活動を、私は院長として大切にしてきた。

地域に開かれた病院づくりのためにも、ボランティア活動の受け入れは大切で、日頃の感謝の気持ちを伝えるために、毎年、感謝の集いのパーティーや研修旅行などを開催している。創立記念日には、職員表彰とともに、お世話になっているボランティアの方たちも表彰している。

現在、コロナ禍で病院のボランティア活動が中止となっているが、早くコロナ禍が終息し、ボランティアの方々が病院に戻って来られ、ボランティア活動にやりがいを持って取り組まれることを願っている。

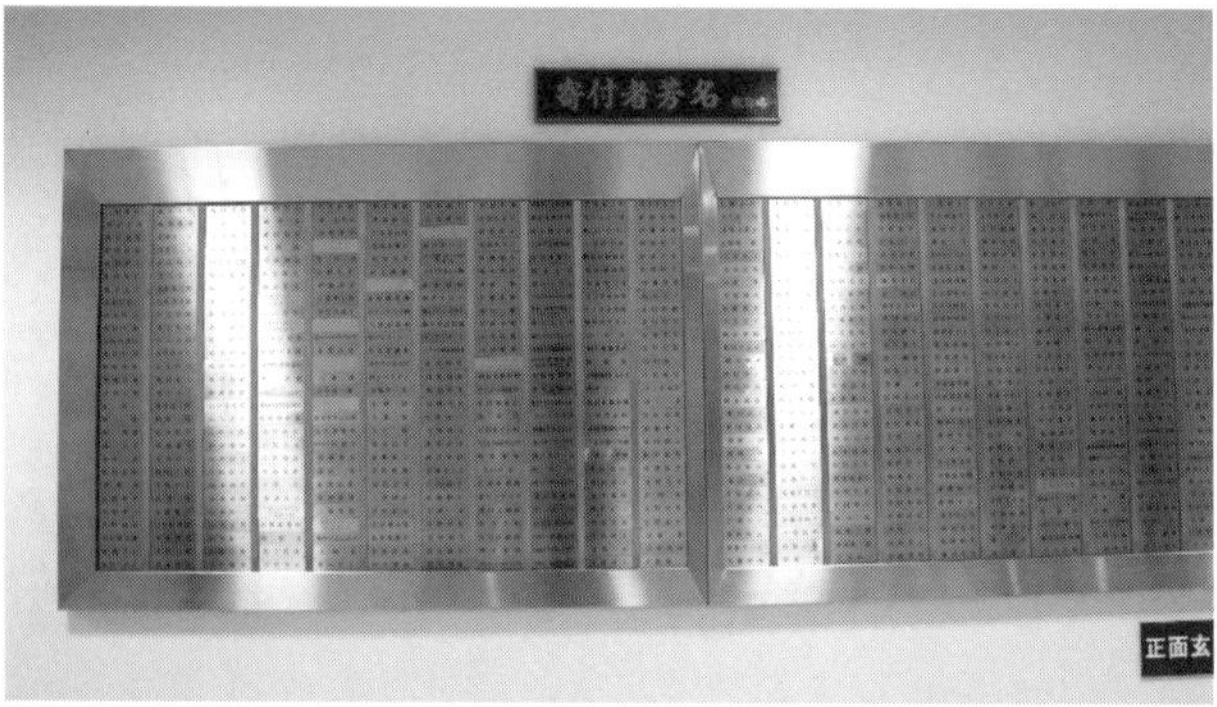

八事日赤の正面玄関に掲げられている寄付者芳名

ボランティア交流会

院長就任後の3度の国際救援派遣

院長就任後は、立場上、長期間病院を空けることができず、災害救護や国際救援の現場に自分自身で出かけることはほとんどできなくなった。院長としての役割は、国内外の災害や紛争地域に多くの職員を派遣することだった。

それでも東日本大震災の時は、病院にじっとしていることができず震災発生11日目に救護班の1員に加わって救援活動に参加した。

日赤本社の企画で日赤の病院長と本社のスタッフのチームで国際救援の現場を視察する企画が始まった。病院長たちに国際救援の現場を見てもらうことで、全国の赤十字病院の間で国際救援をより活性化しようとの狙いだった。

八事日赤は、当時、全国の赤十字病院の中でも最も多くのスタッフを派遣していたので、院長就任後も3度の国際救援視察を経験することができた。

2011（平成23）年ウガンダ母子保健支援事業、15（平成27）年ネパール地震被災者救援活動、18（平成30）年ミャンマー紛争被災者救援活動の3度の視察であった。いずれの救援活動でも当院からスタッフが派遣されていた。

各視察は約1週間という短い期間であったため、強行軍の視察であった。

ウガンダは長年の念願が叶ってのアフリカ行きで、00（平成12）年にケニアに派遣されたミッション以来11年ぶりであった。

視察地へは車での移動で、でこぼこ道を5日間で約1500キロの走行距離でかなり身体に応えた。しかし、途中の幹線道路沿いにあったサファリパークでは沿道から20分も森の中に入れば、キリンやバッファローに遭遇できるという楽しいところであった。

ネパール地震の視察では、寝泊まりが派遣スタッフと一緒のテント生活であったので、体力的に応える場面も多く、今後、自分自身で国際救援に参加するのは難しいと認識した視察であった。

ミャンマーでは、当時、世界中で話題になっていたロヒンギャ問題に直接に関わることができて、国際救援の重要性を認識した視察であった。

３回の国際救援視察では、当院の職員が日赤の代表として頑張っていることに誇りを感じると同時に、より一層国際救援に力を入れようと認識する機会となった。

現役時代もそうであったが視察でも、国際救援に出ている時には、国際救援のことだけを考えていればよく、病院の色々な雑事を考える必要もなかったので、大変ではあったがやりがいを持って救援活動に集中することができた。

妊産婦検診クリニック視察
（母子保健事業視察）

ウガンダ母子保健事業視察（後列左端が筆者）

ミャンマー紛争被害者救援視察

医療事故の不安

院長在任中、病院管理の上で常に頭から離れないことがあった。それは医療事故だ。重大な医療事故が起これば、患者さんや家族への謝罪や補償、日赤本社への報告、マスコミへの公表、謝罪記者会見等、院長としての責任は非常に重大であった。

特に、マスコミに公表する謝罪記者会見は病院にとって大きな痛手であり、重大な医療事故が重なれば病院への信頼はあっという間に失墜する。

ほとんどの病院の院長は、在任期間中に1度は謝罪記者会見を経験している。私は11年間の院長在任中、幸運にも謝罪記者会見を1度も開かずに済んだ。

どこの病院も医療事故対策は最重要項目として取り組んでおり、当院も、2001（平成13）年から医療安全対策室の設置、専任リスクマネージャーの選任、医療安全に関する講演会開催等、医療安全に関する組織体制づくりと様々な活動を行ってきた。

これらの取り組みによって、それなりの成果は得られてはいたが、根本的な解決には至らず、医療事故件数は減少しなかった。

一般的に医療事故の8割くらいはコミュニケーション不足が原因であり、対患者やスタッフの間で問題があるとされる。過去の医療事故を辿ったところ当院でも同様であると考え、コミュニケーションの向上を目的に全病院を挙げて2つの取り組みを行った。メディエーションとコーチングである。

メディエーションとは、コンフリクト・マネージメントのことで、当事者間の対話を促進することを通して認知の変容を促し、納得のいく合意と関係再構築を支援する仕組みである。日常の医療現場では患者と医療者との信頼関係が失われ医療不信というべき状況が容易に起こる。事故発生時に限らず、日常の診療やインフォームドコンセントなどの場面、クレームの初期対応でも、コミュニケーションのすれ違いから紛争へとエスカレートし、患者側の医療不信をさらに強めることになる。このようなときに最も期待されるのがメディエーションである。09(平成21)年からはじめたメディエーション研修では、「メディエーションを病院の風土に！」との掛け声のもと全病院的に取り組んだ。

コーチングの取り組みについてはすでに述べたが、コーチングによりコミュニケーション向上が得られ、医療安全対策にも貢献することができる。コーチングによる医療安全は学会でも認められており、コーチング導入が当院の医療事故対策として寄与したことは間違いがない。

当院のメディエーションとコーチングによるコミュニケーション向上に向けての取り組みは、医療安全対策上重要な役割を担っており、これが謝罪記者会見を回避できた理由かもしれない。

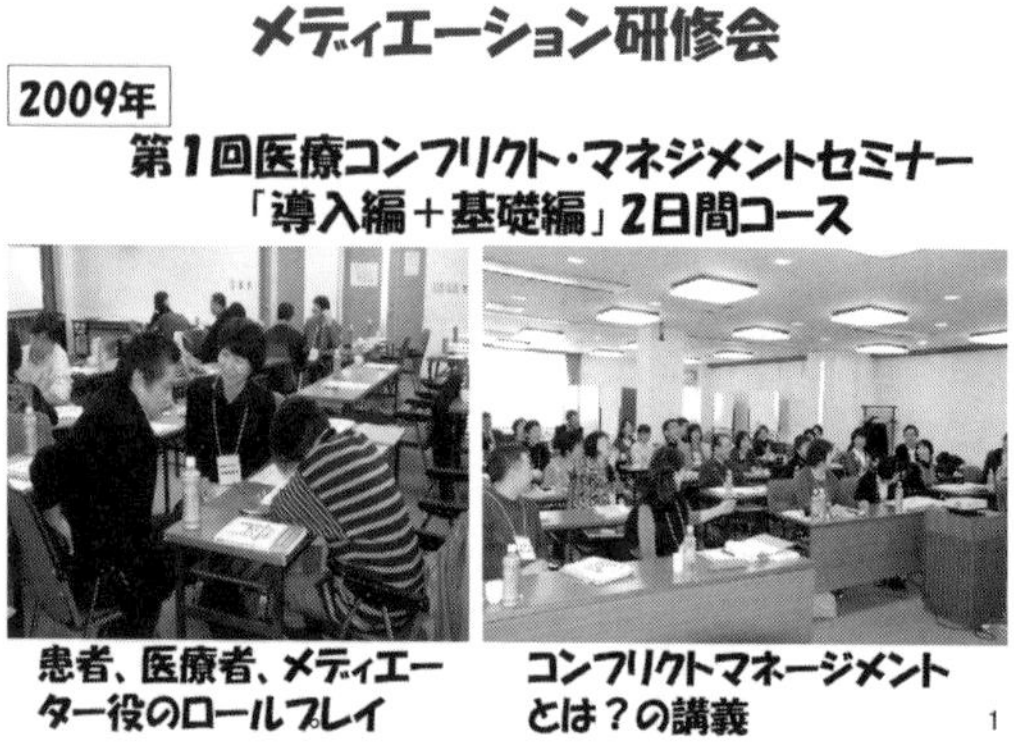

メディエーション研修会

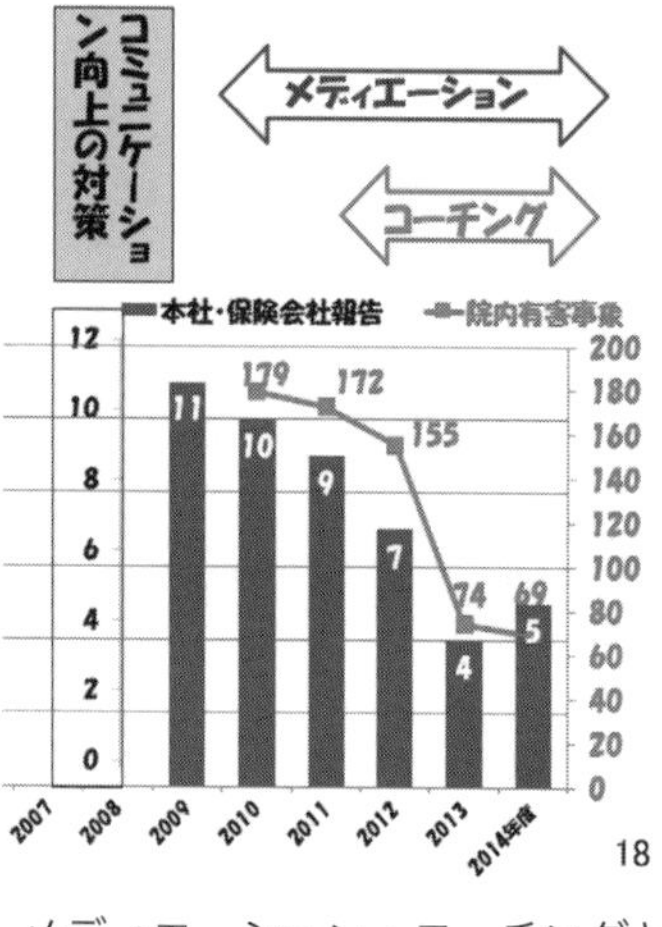

メディエーション・コーチングと
医療事故件数の推移

医療界にも「健康経営」の普及を！

院長在任中に一つだけやり残したことがあった。「健康経営」の取り組みだ。「健康経営」とは、「企業が職員の健康に配慮することによって、経営面で大きな成果が期待できる」との基盤に立ち、健康管理を経営的視点から考えることだ。

近年、国が積極的に推進していることもあって、一般企業を中心に「健康経営」の取り組みが注目され、「健康経営」に力を入れている企業が増えている。しかしながら、医療界では一部の医療法人が取り組んではいるものの、関心度はまだまだ低かった。

当院も「健康経営」を目指すことを考えた。しかし、当時、ＪＣＩの取り組みの真っ最中であり、同時に「健康経営」を目指すことはできなかった。そこで2018（平成30）年、院長退任後、非常勤医師として健康対策室の産業医として勤務しつつ、「健康経営」に取り組むこととした。

当院では、以前より職員満足度向上に取り組んでいたので、「健康経営」に関する取り組みはすでに多くが達成できていた。具体的には、13（平成25）年には、職員の健康管理の重要性を認識し「職員健康対策室」を立ち上げ、15（平成27）年には、職員健康管理システム「従業員健康管理クラウド」を導入し、健診データの1元管理を実現した。そして、各種健康診断の実施、健診結果に基づいた二次健康診断、ストレスチェック等メンタルヘルス対策などに取り組んでいた。

そして、18（平成30）年4月、院長退任後、職員の健康管理をさらに推し進めるべく「健康経営センター」を立ち上げた。まず、「健康経営宣言」を策定し内外に公表、職員の健康増進目的に、時間外のリハビリ室を解放し院内フィットネスジムを開設、職員食堂ではヘルシーメニューの提供を始めた。さらに、禁煙対策として職員向け広報誌に「禁煙のすすめ」を掲載し、禁煙教育を実施するとともに、職員を対象とした禁煙外来も開設した。

産業医や保健師による面談を重視し、私自身も定年退職した年の夏、産業医科大学で開催された研修会に参加して産業医の資格を取得し、健康経営センター産業医として職員の健診に関わった。

健診を通して、不規則な勤務体制や時間外労働等多忙でストレスフルな業務のために、ほとんどの職員が規則正しい食習慣や運動習慣を犠牲にしていたことがわかった。

医療界は健康に深く関わる業界でありながら、自分自身の健康に無頓着な職員も多く、まさに「医者の不養生」と言う現状があった。このような現状を鑑みても、一般企業で「健康経営」が普及しているのに、医療界で「健康経営」が普及していない現状は大きな問題であった。医療界にも「健康経営」の普及が必要である。このことを全国誌『ドクターズマガジン』の巻頭言に投稿した。

産業医による職員の面談風景（右側が筆者）

医療界にも健康経営の普及を！

ドクターズマガジン2019年5月号 巻頭言

Doctor's Opinion

“医療界にも『健康経営』の普及を！”

石川　清　名古屋第二赤十字病院　名誉院長
健康経営センター　産業医

政府が「働き方改革」を推し進める中、その影響は医療機関へも波及し、長時間労働等厳しい勤務環境の是正を求められています。各医療機関はその対応に苦慮していると思われますが、さて、皆さんのところではどのように対処しておられるでしょうか？

昨年6月成立し、本年4月施行が決まっている「働き方改革関連法」の骨子となるものの一つに「労働時間法制の見直し」があります。その内容は長時間労働の是正や産業医・産業保健機能の強化等であり、働き過ぎを防いで「健康を守る」ことに力点が置かれています。

一方、近年、国が積極的に推進していることもあって、『健康経営』の取り組みが注目され、一般企業を中心に『健康経営』に力を入れている企業が増えています。『健康経営』とは、「企業が職員の健康に配慮することによって、経営面で大きな成果が期待できる」との基盤に立ち、健康管理を経営的視点から考えることです。

2016年、経産省が認定制度「健康経営優良法人〜ホワイト500」を創設したことから、『健康経営』への注目度が年々高まっています。しかしながら、医療界では一部の医療法人が取り組んではいるものの、関心度はまだまだ低いと言えます。

当院では職員の健康管理の重要性を認識し、2013年「職員健康対策室」を立ち上げ、毎年人員を充実させ、現在では副院長が室長を兼務し、専任の産業医、保健師2名、看護師1名、主事1名、その他8名の兼務職員（精神科医、臨床心理士等）

医療界にも健康経営の普及を！

第四章　第二の人生を

第二の人生はやりがいを第一に

２０１８（平成30）年３月、八事日赤を定年退職するに当たって、第二の人生としてまず考えたのは「やりがいのある仕事」だった。

その時、お誘いがあったのが学校法人佑愛学園・愛知医療学院短期大学の学長だった。同学園はリハビリに特化した短大で、クリニック・デイケアセンターとこども園を併設していた。

教職員・学生を合わせても４００名足らずの非常に小規模な学校法人ではあったが、自分のやりがいを見出すには申し分のないお誘いであると思われた。

２０１９（平成31）年４月、学長就任に当たって、新学長としての抱負の中で「地域のお年寄りを元気にする」という新たなビジョンを掲げた。

このビジョンを達成するためにすべきことは、第一には、これから高齢化社会が進む中、高齢者のリハビリ需要が高まることは必至であり、リハビリのプロをしっかり育成し世の中に送り出すことであった。

第二には、短大、クリニック、こども園の三つの組織が有機的につながり、三位一体となって学生、お年寄り、こどもの3世代が交流する世界を創ることだ。(ゆうあいタウン・プロジェクト)

そして第三には、本学の歴史と伝統である「清須市民げんき大学」を活性化し、地域のお年寄りにやりがいを見いだしてもらうことであった。

「清須市民げんき大学」は、清須市と本学との官学連携事業で、数年前から清須市の高齢者を対象に開講している市民大学である。

2022(令和4)年の創立40周年に向けて、この新たなビジョンを達成するのに加えて、災害医療、健康経営などのプロジェクトをスタートさせ、これを達成するための手段として全学園的なコーチングを導入した。

思えば八事日赤院長時代の2012（平成24）年、3年先の創立100周年に向けて、最高の病院になるという目標を掲げ、その目標を達成するための手段として全病院的なコーチングを導入した時の状況と重なった。災害医療や健康経営の取り組みは、病院で自分が経験してきたことを再度実践する形になった。

折からのコロナ禍の影響で、色々な活動は停滞を余儀なくされ計画通りには進んでいない。しかし、三位一体の組織づくりをはじめ、各プロジェクトは着実に前進していると思われる。

学校法人佑愛学園の「地域のお年寄りを元気にする」というビジョンを達成することで、自分の第二の人生のやりがいを達成できればと思っている。

清須市民げんき大学
地域のお年寄りのために開講している

創立４０周年に向けて
「ゆうあいタウン・プロジェクト」を推進

愛知県テニス協会会長に就任

テニスが人生のやりがいとなったことで思わぬ役目が回ってきた。２０１７（平成29）年からは、愛知県テニス協会会長と東海テニス協会会長を務めている。前理事長の田中耕二氏が八事日赤に入院された時、病室でテニスの話になり、私がテニスをしていることを知って、会長を依頼されたのだ。私はテニス部ではなくラグビー部出身なのでとお断りしたが、テニスが好きであればいいと熱心に懇願され、引き受けることにした。

会長の決まった仕事と言えば、年２回開催される各テニス協会の理事会に出席して、事業報告・事業計画等を審議することだけだ。それ以外の実務的な仕事は、社会人、レディース、学生、ジュニア等の各担当理事がしっかりやられているので、私の出番はほとんどない。肩書だけの会長である。

ただ今までに会長として2度大切な仕事があった。一度は２０１８（平成30）年９月に愛知県で開催された知的障害の人のための第7回スペシャルオリンピックス日本のときだった。東山テニスセンターで来賓としての高円宮妃久子殿下と有森裕子理事長のエスコート役としての仕事だった。殿下には、以前、愛知県で赤十字大会が開催された折、八事日赤を訪問された際にお会いしていたので、その時の話題を交えてエスコート役を無事終えることができた。

もう一度は、２０２６（令和８）年に愛知県で開催されるアジア大会開催に向けて、河村たかし名古屋市長に協力依頼の要望書を届けた時だった。

要望書の内容は、アジア大会開催に向け東山テニスセンターを国際試合ができるハードコートに大改修することが中心であった。かなりの費用がかかることや名古屋市民の理解も必要であったため、テニス協会としても万全の下準備の上で臨んだ。

事前に知り合いの市会議員に協力を依頼し、当日の市長との面談には、元プロテニスプレーヤーの伊達公子選手や日本テニス協会副会長にも同席を依頼した。万全の準備の上臨んだこともあって、河村市長や名古屋市側の反応は非常に好意的であった。この時だけはテニス協会会長として仕事をしたという気分になった。

つい最近、２０２１年世界ジュニア大会が、東山テニスセンターで開催された。将来、世界に羽ばたく選手の登竜門となる大会である。今回はコロナ禍の影響で国内の選手しか参加しなかったが、将来、世界のトッププロになる可能性のある選手に対して、表彰式で優勝・準優勝の選手を表彰する仕事は会長として大切な仕事であった。

これからまだ何年会長を務めることになるか分からないが、この地域のテニスの発展のために会長として微力ながら貢献したいと思っている。

日本赤十字社名誉副総裁として当院を視察された
高円宮妃殿下

伊達公子選手と一緒に河村市長へ要望書を提出

令和3年春の叙勲で瑞宝中綬章を受章

２０２０年10月中旬、日赤本社から私が令和３年度の春の叙勲の対象となっている旨の連絡を受けた。受章理由については正式な説明はなかった。「保健衛生功労」の領域なので、多分、長年、赤十字活動に関わったことと、11年間にわたる赤十字病院の院長在任が受章理由のようだ。

ただ今後、私個人や病院に不祥事等があれば保留や見送りになることもあり、あくまでも内定の通知として承知をするようにとの追記があった。

その後何度か、本社と書類の作成や経歴の確認等を行ったが、幸い、私個人や病院に不祥事等がなかったことから正式に受章が決定した。

新聞紙上への公表は令和３年４月29日と決まっていた。しかし、マスコミには受章者の名簿が事前に渡っており、中日新聞の記者から公表数日前に取材を受けた。

4月29日の中日新聞には受章者の名簿と同時に、私の叙勲の喜びの記事が掲載された。そのお陰で多くの知人が知るところとなり、当日から沢山のお祝いの電報や胡蝶蘭が届いた。それが叙勲にまつわる新たな体験の始まりだった。

多くの業者から額縁、ギフトカタログ、パーティー案内等が送付されてきた。併せて、多くの政治家から電報が届いた。中には全く知らない政治家からのものもあった。

自宅と勤務先に届いた胡蝶蘭と電報の山は約３００件にも及び、嬉しい反面、礼状や返礼品のことを考えると憂鬱となり、受章の喜びはほんの束の間のことであった。

２０２０年、21年とコロナ禍の影響で皇居での授賞式等はすべて中止となった。正装して暢子を連れて一緒に皇居に行けなかったのは残念であった。

令和３年春の叙勲で瑞宝中綬章を受章

ただ後日、受章者に対して皇居の見学会が企画され、希望者は皇居を見学できる機会が与えられたが、本人のみとの付記があったため行くのをやめた。

病院から叙勲記念パーティー開催の申し出があったが、自分では院長退任パーティーが自分の主役になる最後と思っていたので、早々に辞退の意向を伝えた。もっともコロナ禍ではパーティー開催はありえない状況でもあった。

受章したのは瑞宝中綬章であったが、兄が死後叙勲として受章したのも同じ瑞宝中綬章であった。はからずも自分もようやく兄に近づくことができた。

振り返ってみれば、八事日赤での勤務は40年以上となり、医者人生のほぼ全てを日赤で過ごしたことになる。その間、赤十字活動である救急医療、災害医療、国際救援等に関わることができたのは、多くの職員の皆さんの理解と支援があってのことと感謝している。この受章をきっかけに気持ちを新たにしてより一層頑張りたいと思う。

瑞宝中綬章の勲章と賞状

自宅と勤務先に届いた電報と胡蝶蘭の山

母から学んだ健康長寿の秘訣

「人生100年時代」について考える時、必ず思い出すのは母、石川静衣のことだ。元気そのものの生涯で、100歳で大往生を遂げるまで頭もしっかりしていた。

私がトロントに留学していた時、82歳でカナダまでやって来た。今では海外旅行を楽しむ高齢者は多いが、当時は80歳を超える人の海外旅行は珍しい時代だった。ナイアガラの滝の前での懐かしい写真が残っている。

何歳になっても仕事をしていて、次兄の薬局を手伝っていた。姉の家で暮らすようになってからも、いつも何かをしていて、編み物や習字などにやりがいを持って挑戦していた。

母は尋常小学校しか出ていなかったが、100歳の時、突然、尋常小学校で覚えた歌の歌詞を直筆で書いて、ひ孫に教えていた。子どもの私たちも聞いたことのない「梅干のうた」だった。

「2月、3月花盛り」と梅の花が咲くところから始まって、梅の実が成り、実が塩に漬けられ梅干しになり、運動会のみならず、戦場への常備品として、なくてはならない梅干しの大切さを歌っている、まさに時代を感じさせる歌だ。

姉が母との会話を投稿し、新聞に掲載されたことがあった。母がいきなり「人生100年、古来稀なり」とつぶやいたので、姉が「30歳もサバ読んでるよ。人生70年、古来稀なりが本当だよ」と言うと、「昔はそうだったけど、今はみんな長生きだから、100でいいの」と言ったエピソードだ。

100歳の時、一度、脳梗塞で八事日赤に入院したことがあった。数週間の入院であったが、退院後、姉と一緒に近くの公園で鉄棒につかまってリハビリをしている動画が残っている。いつまでも元気になりたいと真剣に思っていた。

また、母は100歳になっても日記をつけていた。何気ない日常の出来事がほとんどだが、「子どもたちに迷惑をかけて申し訳ない」という言葉をよく記していた。

本気でそう思っていたらしく、体が衰えて最後に八事日赤に入院した時、「これ以上、みなに迷惑をかけたくない」と言って自分で酸素マスクを取ろうとした。そのくらい、最期まで頭がはっきりしていたし、信念を持っており、見事な大往生だった。

次兄と姉が母の面倒をずっと看ていて、自分は母に対して何も親孝行ができていなかった。自分の病院で最期を看取ることができたことが、私のできた最後の親孝行だった。

100年という時間を生き抜いた母は、「健康長寿の秘訣」ばかりでなく、今なお多くを語り掛けてくる。

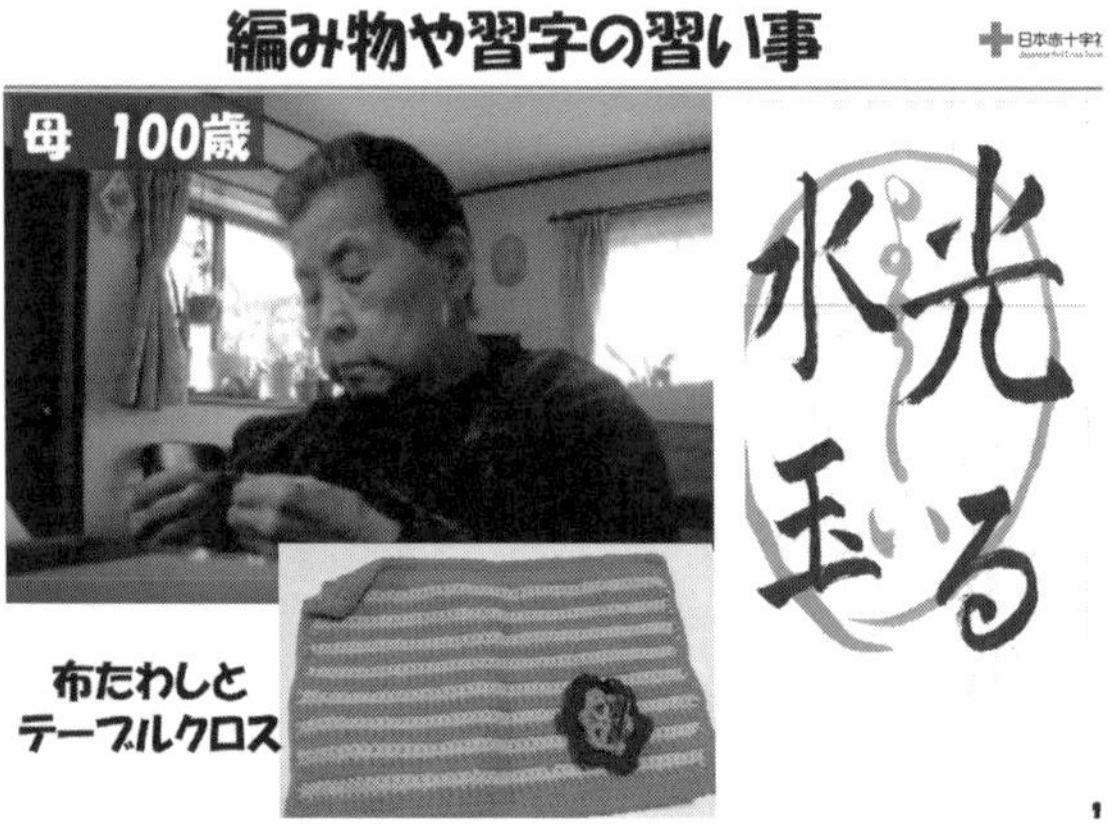

100歳の時編み物や習字などの習い事をする母

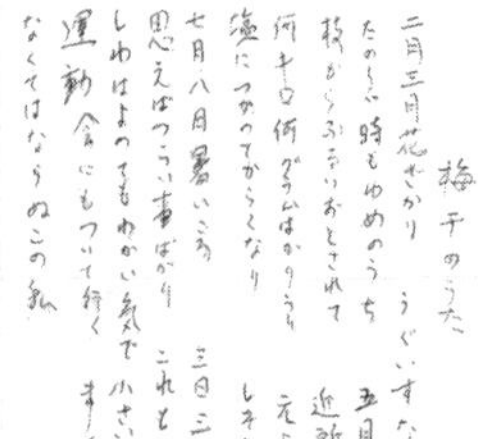
梅干のうた
二月三月花ざかり　うぐいすないた春の日の
たのしい時もゆめのうち　五月六月みがなれば
枝からふるいおとされて　近所の町へ持ち出され
何キロ何ぐらむはかりうり　元よりすっぱいこの体
塩につかってからくなり　しそにそまって赤くなり
七月八月暑いころ　三日三ばんの土用ぼし
思えばつらい事ばかり　これも世のため人のため
しわはよってもわかい気で　小さいきみらのなかま入り
運動会にもついて行く　ましていくさのその時は
なくてはならぬこの私

直筆の「梅干のうた」と公園でリハビリする母

暢子から学んだ健康長寿の秘訣

私の健康は妻、暢子に支えられてきた。心臓バイパス手術を受けた後は、それまでの肉中心の料理が一変し、コレステロールの高い料理は一切作らなくなり、魚と野菜中心の料理となった。

食事の時、残さず食べ過ぎる習慣の私に対して、いつも言う口癖は「食事がもったいないより、身体がもったいない、残せばいい」だった。

最近は、健康番組を事前に調べて録画し、それを見て勉強して認知症や成人病に良いとされる食材はすべて食卓に出るようになった。毎日の朝食はサラダで、チアシード、ナッツ、クルミ、ワカメ、納豆、サバ、オリーブ油、ラッキョウ、トマト、タマネギ、ピーマンなどが入っている。お昼の弁当にも同じ食材のサラダがついている。

私は認知症と成人病予防の食材の実験台というわけだが、おかげで今のところその恩恵に浴している。私の健康を考えてくれているのはありがたいことだ。

若い頃は、暢子は私の健康について全く心配をしていなかったので、食事はただ美味しくて好みの料理を作ることをいつも心がけていた。そのため料理教室にも通ってレシピを学び家庭でも色々な料理を作ってくれた。

暢子は負けず嫌いで、何ごともトコトンやるタイプで、料理以外にもケーキやパン作りにも凝り、レシピを書いたメモが本棚にいっぱいある。

カナダ留学時は英語を勉強して高校卒業の資格を取得したし、一時はフランス語にも凝ってフランス語をマスターした。結婚してからは、自分で生計が立てられるようにと、簿記の資格取得を目指した時期もあった。

最近は認知症予防効果があるとされるマージャンに凝り、道場に通ってめきめき腕を上げている。スポーツでは、一時、ゴルフにも熱中し、週何回かコースに出ていた。

そんな暢子との共通の趣味はテニスだ。私は朝型の生活習慣とテニスによる運動習慣を両立するため、毎朝テニスを続けている。私がテニスに夢中になったことで、夜型だった暢子も一緒にテニスを始めるようになった。

凝り性の暢子は早朝テニスで腕を磨き、一時はレディースの大会に出るほどになった。２人でミックスダブルスの試合に出たことも何度かあった。振り返れば30年以上にわたって、夫婦で早朝テニスを続けている。

暢子から学んだ健康長寿の秘訣は、規則正しい食習慣と夫婦で続けている早朝テニスだ。

兄からは人生のやりがいを、母からは健康長寿の秘訣を学び、今では「人生のやりがいと規則正しい食習慣・運動習慣が健康長寿の秘訣」が私の信念となった。

暢子が作る毎日の朝食のサラダ

暢子と共通の趣味・テニス

暢子との共通の趣味「旅行」

暢子との共通の趣味はテニスのほかに旅行がある。旅行も「人生のいきがいの一つ」と言っていいかもしれない。

カナダ留学中には子どもたちと一緒に色々なところを旅行した。ジャマイカ、メキシコのほかにカナダやアメリカ国内の世界遺産を中心に多くの観光地を訪れた。子どもたちが小さい時は、家族全員での旅行が楽しい思い出となった。子どもたちが大きくなってからは、暢子と二人だけでの旅行となり、毎年1回は海外旅行に出かけるのが恒例となった。

病院在職中は、病院の行事や会議があり、連続して1週間の休みをとれる日が8月末の夏休み期間中しかなかったので、年1回の旅行はこの時期に限られていた。旅行先は毎回、暢子が調べて半年ほど前から計画を立てていた。

一度も行っていないところを中心に、若い時は、未開発地域が多く、スリランカ、ベトナム、イラン、ペルー、マレーシア、タイなどに、そして、年を取ってからは、ニュージーランド、オーストラリア、ヨーロッパ、北欧、台湾、中国などを旅行した。私は国際救援でケニア、インドネシア、イラン、ネパール、ウガンダにも行った。

ケニアに行った時は、暢子がロキチョキオまで迎えに来たので、ミッションを終えてから一緒にアフリカのサファァリパークとリゾート地を旅行した。この時のアフリカ旅行が強く印象に残っており、今でももう一度行きたいところと言えばアフリカだ。

旅行した時に撮った写真が本棚いっぱいに並んでいる。私は行ったところはほとんど覚えていないが、暢子は色々なところをしっかり覚えている。旅行のたびにノートにメモを書いていたのでいつまでも記憶にあるのか、どちらにしても大したものだ。

清猛はタイのプーケットで結婚式を挙げたが、この時の家族旅行は、結婚式出席を兼ねてのタイ旅行であった。

6人の孫のうち4人の孫は海外で生まれたが、その時には暢子がお産の手伝いに行っていた。清猛の子どもが生まれる時に2度ニューヨークに、恭子の子どもが生まれる時にはシンガポールに行って10日ほど滞在した。

3人の子どもたちが外国に滞在していた時の旅行先は子どもたちのいるところだった。清猛がいたニューヨーク、優子がいたミュンヘン、アトランタ、恭子がいたマニラ、シンガポールへは子どもたちの家を訪問するのを兼ねて二人で海外旅行を楽しんだ。

ここ2年間はコロナ禍の影響で全く旅行に行っていないが、コロナが終息すれば、また暢子と一緒に人生のやりがいとしての旅行は続けたいと思っている。

プーケットでの清猛の結婚式・家族写真

スイスモンブラン遊覧飛行

これからの人生のやりがい

今までの自分の人生を振り返ってみると、ほとんどが自分中心の独りよがりのやりがいであったように思う。暢子をはじめ家族の気持ちはあまり考えず、ないがしろにしていたかもしれない。

まず一番の人生のやりがいとしてやっていたラグビーについては、私がラグビーのけがで救急搬送されたこともあって、私の身体のことを心配して暢子はラグビーが大嫌いだった。また日赤時代に大きなやりがいを感じてやっていた、災害救護や国際救援も暢子や子どもたちにとっては心配事の種であったようだ。

仕事の上でやりがいを求めていた時もそうだった。集中治療を通してのやりがいは、3日に1度の当直という多忙な勤務下でのもので、家庭を相当犠牲にしていたかもしれない。

これからは自分だけの人生のやりがいを求めるのではなく、暢子のことも考えたいきがいも求めていこうと思っている。テニスや旅行など共通の趣味ばかりでなく、「石川ファミリーみんなの健康と幸せ」が私と暢子二人の共通のいきがいだ。

2022（令和4）年、3人の子どもたちはみな巣立って、銘々の家族を持ち、わが家は暢子と2人だけになった。3人の子どもには銘々2人ずつ子どもがいるので、総勢14人の石川ファミリーだ。

以前は、正月や夏休みに石川ファミリー全員がわが家に集まることもあったが、最近はコロナ禍の影響もあり全員が一堂に会することはない。最近では時々オンラインで石川ファミリーは集合している。清猛家族はニュージャージーから、優子家族は名古屋から、恭子家族は横浜からの参加だ。石川ファミリーのみんなが顔を合わせ、健康で幸せでいることを生きがいとして楽しんでいる今日この頃である。

いま3人の子どもたちは、私がカナダ留学していた頃の年齢になった。自分の人生を振り返ってみると、この頃からいろいろな出来事があった。これから子どもや孫たちがどんな人生を送っていくのか楽しみでもあり不安でもある。

22（令和4）年、私は後期高齢者の仲間入りをする年齢になる。自分の頭の中には「引退」という考えは全くないので、これからも「現役」を続けていきたい。

第二の人生としてやりがいを第一に考えて引き受けた愛知医療学院短期大学学長の仕事も5年の節目を迎えることになる。コロナ禍の影響で求めてきたやりがいはいまだ達成されていない。これからも意味のある人生を送るためにも、いつもやりがいを求めて生きていきたいと思う。

久しぶりに全員が集まった石川ファミリー14人(2015年夏)

石川ファミリーオンライン集合(2021年冬)

あとがき

　中部経済新聞の連載企画「マイウェイ」を通して、自分の人生を振り返る機会をいただいたことを大変感謝しています。「マイウェイ」を記述していく中で感じたのは、自分はいつも「人生のやりがい」を求めて生きてきたことでした。

「人生のやりがい」を求めて生きてきた中で、長兄や家族から学んだいくつかの自分なりの信念を持つことができました。具体的には次のような信念です。

「人間はやりがいを持ってやっていれば、たとえ大変なことや嫌なことがあっても耐えられる」

「自分の人生を筋書き通りに生きた人は少ない。色々な人の影響を受けたり、災害や病気など予期せぬ出来事に左右されて、送る人生は変わっていくものだ。ただ、その時々に人生のやりがいを持って生きていれば、結果として意味のある人生を送ることができる。

「人生のやりがいと規則正しい食習慣・運動習慣が健康長寿の秘訣」

これからもこれらの信念をもって、意味のある人生を送るために、「人生のやりがい」を求めて生きていきたいと思います。

最後になりますが、この書籍出版に当たって中部経済新聞社の津田一孝氏、大橋昌寛氏、後藤治彦氏、安藤翔平氏、國松亮太氏の皆様に大変お世話になりましたことを心より御礼を申し上げます。

また、最後までご愛読いただいた読者の皆様に心より感謝を申し上げます。

令和4年5月吉日

筆　者

＊本書は中部経済新聞に令和3年5月1日から同年6月30日まで50回にわたって連載された『マイウェイ』を改題し、新書化にあたり加筆修正しました。

石川清（いしかわ・きよし）

1966（昭和41）年、愛知県立旭丘高校卒業。70（昭和45）年、名古屋大学工学部航空学科卒業。77（昭和52）年、名古屋大学医学部卒業。78（昭和53）年、名古屋市立大学病院麻酔科に入局。トロント大学留学を経て助教授。94（平成６）年、名古屋第二赤十字病院麻酔科・集中治療部長。阪神淡路大震災救援、スーダン紛争被災者救援などを経験。2007（平成19）年、院長就任。18（平成30）年、定年退職。19（令和２）年、愛知医療学院短期大学学長就任。12（平成24）年、救急医療功労者厚生労働大臣表彰。21（令和３）年、瑞宝中綬章受章。
名古屋市出身。

中経マイウェイ新書 055

人生のやりがいを求めて

2022年6月10日　　初版第2刷発行

著者　石川　清

発行者　恒成 秀洋　発行所　中部経済新聞社

名古屋市中村区名駅4-4-10　〒450-8561
電話　052-561-5675（事業部）

印刷・製本　モリモト印刷株式会社

ISBN978-4-88520-240-7